PPP项目融资实操指南

宋映忠
张廷军
李勇成 编著
覃强镔
陈青松

中国市场出版社
China Market Press
·北京·

图书在版编目（CIP）数据

PPP项目融资实操指南 / 宋映忠等编著. —北京：
中国市场出版社有限公司，2020.4
ISBN 978-7-5092-1939-3

Ⅰ. ①P… Ⅱ. ①宋… Ⅲ. ①政府投资－合作－社会资本－应用－基础设施建设－融资－指南 Ⅳ. ①F830.59-62 ②F014.391-62 ③F294-62

中国版本图书馆CIP数据核字（2020）第063069号

PPP项目融资实操指南

PPP XIANGMU RONGZI SHICAO ZHINAN

宋映忠　张廷军　李勇成　覃强镔　陈青松　编著

责任编辑：许　寒　白　琼（qiongbaiace@126.com）
出版发行：中国市场出版社 China Market Press
地　　址：北京市西城区月坛北小街2号院3号楼（100837）
电　　话：编 辑 部（010）68032104　读者服务部（010）68022950
总 编 室（010）68020336　盗 版 举 报（010）68020336
发 行 部（010）68021338　68020340　68053489
68024335　68033577　68033539
印　　刷：河北鑫兆源印刷有限公司
规　　格：170毫米×240毫米　16开
印　　张：18.5　　字　　数：183千字
版　　次：2020年5月第1版　　印　　次：2020年5月第1次印刷
书　　号：ISBN 978-7-5092-1939-3
定　　价：68.00元

前言

俗话说“兵马未动，粮草先行”。PPP 项目大都是基础设施建设和社会公用事业项目，工程规模大，投入资金多，动辄上亿甚至十亿、几十亿元，有的项目更是高达上百亿元。对社会资本而言，利用自有资金投资 PPP 项目不太现实，需要借助金融机构的力量。实践中，包括央企、地方国企、民企等在内的社会资本对投资规模巨大的 PPP 项目望而却步。

PPP 领域流行一句话：“如果说 PPP 是一场球赛，上半场是通过公平的方式选择最有能力的社会资本和政府合作，那么下半场就是融资问题。”

在导致 PPP 落地难的多种因素中，资金不足成为阻挡社会资本投资 PPP 项目的最大拦路虎。PPP 项目投资规模大、运营期限长、回报率不高，社会资本往往面临着融资的难题。一方面，我国 PPP 项目融资方式单一，仍然以银行贷款为主要途径，通过银团融资、债券融资、基金融资、信托融资、保险融资以及资产证券化等方式筹集资金的比例还比较低；另一方面，目前包括银行在内的金融机构对支持 PPP 政策体系不成熟，还处于起步阶段，社会资本融资渠道不畅；又一方面，由于 PPP 项目贷款期限长，银行存在资金错配的问题。如商业银行中长期贷款一般为 5 年，很少有贷款期限长达 30 年。出于自身风险因素考虑，银行还需要社会资本对贷款进行抵押、保证等。在自身资产无法满足银行抵押、保证等要求时，社会资本只得寻求担保公司的帮助，导致社会资本的融资成本高，影响了社会资本介入 PPP 项目的积极性。

此外，在目前政策环境下，PPP 项目资本金来源严格受限：PPP 项目不得以债务性资金充当资本金（《关于规范政府和社会资本合作（PPP）综合信息平台项目库管理的通知》[财办金〔2017〕92 号]）、PPP 项目按照穿透原则加强资本金审查（《关于规范金融企业对地方政府和国有企业投融资行为有关问题的通知》[财金〔2018〕23 号]）。债务性资金不得作为资本金，股权资金融资路径被切断。

困难面前，创新 PPP 项目融资模式，拓宽 PPP 项目融资渠道成为现实的选择。推进 PPP 发展、加快 PPP 项目落地，需要大力发展 PPP 金融，破解 PPP 项目融资难题，只有这样，才能增强社会资本积极参与 PPP 项目的动力。

本书对 PPP 项目投融资结构、各种融资方式、金融创新推动 PPP 等进行重点研究。同时，通过分析和研究笔者操作过的多起 PPP 项目案例，以及近年来在金融领域创新的 PPP 项目案例，阐释了 PPP 项目金融创新与推动 PPP 项目快速发展的密切关系。

PPP 模式在我国具有广阔的发展前景，近几年正在规范发展的路上。本书既有对 PPP 融资的宏观理论研究，也有对亟待解决的现实问题的探讨，还有具体的 PPP 项目融资成功典型案例，通过理论融合具体案例，让读者对 PPP 融资模式有更深刻的理解，取得更大的收获。

本书可以作为各级政府决策部门，各类社会资本，银行、证券、保险、基金、信托等各类金融机构，战略投资者和财务投资者等 PPP 模式主体，以及研究、操作 PPP 项目的经济和金融学者、专业人士、企业高管等广大群体的参考。

2019 年 12 月 1 日

目 录

01 PPP 推进背后的资金之困 / 001

我国 PPP 发展现状 / 002

PPP 项目落地难 / 006

PPP 项目融资困难探因 / 012

02 PPP 项目投融资主体、结构及融资来源 / 021

PPP 项目投融资主体 / 022

PPP 项目投融资结构 / 034

我国 PPP 相关资本金制度的发展 / 040

PPP 项目融资来源 / 047

PPP 项目融资特点 / 052

PPP 项目合同体系 / 058

股权投资机构直投 PPP 项目公司股权的几种模式 / 068

附录 2-1 PPP 项目固定资产借款合同范本 / 076

附录 2-2 PPP 融资直接介入协议范本 / 092

03 **银行积极布局 PPP 市场** / 099

商业银行搭上 PPP 市场“快车” / 100

商业银行参与 PPP 项目的方式 / 108

商业银行参与 PPP 面临的挑战 / 110

政策性银行支持 PPP / 115

银行对 PPP 项目风控关注点 / 119

国际国内多家银行向 PPP 项目发放贷款 / 123

PPP 项目融资实操 / 128

附录 3-1 相关政策文件 / 132

04 **PPP 基金模式** / 137

常见的 PPP 基金模式 / 138

PPP 基金结构设计 / 145

05 **信托、资产证券化支持 PPP** / 153

信托参与 PPP / 154

资产证券化参与 PPP / 156

特色小镇 PPP 资产证券化 / 173

06 绿色金融在 PPP 模式中的路径探索 / 177

绿色金融已上升为国家战略 / 178
绿色金融支持绿色 PPP / 183
绿色金融支持分布式光伏发电 PPP 项目的实践 / 193
绿色信贷加快绿色 PPP 落地 / 198
绿色债券助力环保 PPP / 212
绿色基金支持低碳高速公路 PPP 项目的实践 / 222
发展绿色证券，支持绿色 PPP / 230

07 PPP 模式融资创新 / 237

特许经营收益权质押 / 238
融资租赁 / 245
政府补贴 / 249
政府抵押担保案例分析 / 254

08 PPP 项目融资典型案例 / 263

田园综合体 PPP 项目主要融资模式分析 / 264
医养结合 PPP 项目投融资问题分析 / 270
某客运站 PPP 项目受益于专项资金 / 275

参考文献 / 283

01

PPP 推进背后的资金之困

我国 PPP 发展现状

从 2014 年下半年开始，我国一直在大力推广政府和社会资本合作（PPP）。

经过几年的探索和实践，我国在 PPP 领域取得了长足的进展，也收获了可喜的成绩。目前，我国正在大力规范 PPP，操作流程、政府付费、绩效考核以及评价等越来越有章可循。可以预见，未来 PPP 在我国将科学、稳步地发展，市场前景看好。

PPP 推广现状

2014 年以来，各类支持 PPP 的政策文件频频发布，各地加速上马 PPP 项目。在以银行为主的金融机构支持下，经过短短数年的时间，我国成为全球最大的 PPP 市场。

数据显示，截至 2019 年第三季度末，全国 PPP 综合信息平台项目管理库累计项目数9249个、投资额14.1万亿元；落地项目累计6039个，投资额9.2万亿元，落地率65.3%；开工项目累计3559个，投资额5.3万亿元，开工率达58.9%。

在PPP快速推进的过程中，各种乱象开始出现。在大量的PPP项目中，政府付费类项目占比过高，导致财政支付压力过大。鉴于此，自2017年开始，我国着手规范PPP的发展，财政部先后发布《关于规范政府和社会资本合作（PPP）综合信息平台项目库管理的通知》（财办金〔2017〕92号）和《财政部关于推进政府和社会资本合作规范发展的实施意见》（财金〔2019〕10号）等文件，PPP推广的“大跃进”趋势得到遏制。

在国家对PPP进行整顿之前，部分项目采取“名股实债”“股东借款”等形式筹集项目资本金，同时银行理财等资金通过信托、资管、基金等通道化运作成为资本金主要来源，将债务性资金充当“资本金”。随着国家对前述问题的严格管理，经过整顿，PPP入库项目质量将有所提高，符合银行要求的优质项目也会越来越多。

PPP监管日趋严格

2017年监管部门出台了一系列PPP相关政策。4月，财政部、国家发展改革委、司法部、中国人民银行、银监会、证监会等六部委联合发布《关于进一步规范地方政府举债融资行为的通知》（财预〔2017〕

50号），要求“规范政府与社会资本方的合作行为”，具体内容主要是禁止违规行为，包括：违法违规变相举债、承诺回购社会资本方的投资本金、承诺最低收益等，目的是禁止地方政府违法举债、变相举债；6月初，财政部印发《关于坚决制止地方以政府购买服务名义违法违规融资的通知》（财预〔2017〕87号），主要规范政府购买服务；5月至11月初，财政部相关领导在各类场合中均提及需要关注PPP发展中存在的问题，系列讲话中透露出对PPP的严监管信号；11月，财政部印发《关于规范政府和社会资本合作（PPP）综合信息平台项目库管理的通知》（财办金〔2017〕92号），对于存量PPP项目以及新增PPP项目进行了严格的规范；11月，国资委印发《关于加强中央企业PPP业务风险管控的通知》（国资发财管〔2017〕192号），规范央企参与PPP项目。

PPP监管的目的是什么？不是限制PPP的发展，而是“控风险”。从国家出台的一系列文件来看，主要是为了“遏制隐性债务风险增量”。例如财预〔2017〕50号文件的目的是“牢牢守住不发生区域性系统性风险的底线”，财预〔2017〕87号文件是为了“制止地方政府违法违规举债融资行为，防范化解财政金融风险”，而92号文开篇即提出“防止PPP异化为新的融资平台，坚决遏制隐性债务风险增量”。

PPP融资现状

为了规范野蛮生长的PPP项目，2017年11月，财政部发布财办金

〔2017〕92 号文件，除了通过负面清单严控新项目入库，还要求对总投资十多万亿元的一万多个 PPP 入库存量项目进行集中清理，清退不合规项目，在 2018 年 3 月底前完成。截至 2018 年 4 月 23 日，各地累计清理退库项目 1695 个，涉及投资额 1.8 万亿元；上报整改项目 2005 个，涉及投资额 3.1 万亿元。

出于管控风险需要，一些银行业金融机构开始收紧部分 PPP 项目贷款。在这种情况下，社会资本尤其是民营资本的 PPP 项目融资受到明显影响。

调查发现，整顿后的 PPP 项目，目前依旧面临融资较为困难的问题。

据介绍，作为 PPP 项目重要的融资渠道之一，目前银行在考察 PPP 项目时，首先会要求该项目纳入国家项目库。确定已进入项目库后，银行还会考虑地方政府的财政实力，对地方政府的财政收入提出要求。一方面，目前地方政府显性债务和隐性债务都比较高[1]；另一方面，关于 PPP 项目政府付费是否属于地方政府隐性债务问题争议较大，虽然国家

[1] 财政部发布的数据显示，截至 2018 年末，全国地方政府债务余额 183862 亿元。其中，一般债务 109939 亿元，专项债务 73923 亿元；政府债券 180711 亿元，非政府债券形式存量政府债务 3151 亿元。如果以债务率衡量地方政府债务水平，2018 年地方政府债务率为 76.6%，低于国际通行的 100%~120% 的警戒标准。按照国家统计局公布的 GDP 初步核算数计算，政府的负债率为 37%，低于欧盟 60% 的警戒线，也低于主要市场经济国家和新兴市场国家水平。总的来看，我国地方政府债务指标处于合理区间，风险整体可控。

政策规定 PPP 项目政府付费责任不属于政府隐性债务，但银行的态度仍然较为谨慎。不仅如此，有的银行还会要求施工方是央企。有银行业人士表示，“因为 PPP 项目的偿债资金是项目现金流，项目存续期又比较长，如果项目没过多长时间出现塌方，或者需要维修，现金流将覆盖不了成本”，“要求项目本身拥有净现金流，如果不能有净现金流，就要找担保方对现金流做差额担保。”

PPP 项目落地难

在国家大力推广 PPP 的背景下，各地纷纷推介 PPP 项目。不过，看似热闹的背后，却是 PPP 项目落地率不高的尴尬。研究发现，一个关键的因素还是“钱”：PPP 项目主要涉及能源、交通、环保、市政工程，投资规模通常很大。

现实情况是，广大社会资本虽然对 PPP 项目怀有浓厚的兴趣，非常希望在 PPP 市场上发挥自己在技术、管理等方面的优势，但自有资金不足，并且在向银行等金融机构寻求支援时屡遭碰壁。因此，融资困难让社会资本对大量的 PPP 项目“望洋兴叹”。

PPP 项目落地情况不尽如人意

PPP 项目大都是基础设施建设项目和社会公用事业项目，工程规模大，投入资金多，动辄上亿甚至上十亿、几十亿元，有的项目投资规模更是高达上百亿元。实践中，相当多的社会资本对数十亿、上百亿元的PPP项目望而却步。正是由于社会资本缺乏足够的资金，很多PPP项目遭遇搁浅。

国家大力推广PPP，社会资本坐拥优势欲寻找优质项目，双方合作可以说是双赢之举。然而，研究显示，全国各地公布的各类PPP项目中，只有10%~20%的项目签订了合同，PPP项目落地情况并不尽如人意。

在强监管模式下，影响PPP项目落地的因素有三：一是许多PPP项目对社会资本没有吸引力或者说吸引力不够；二是政策要求使用者付费的PPP项目越来越多，PPP项目风险加大；三是PPP项目融资难，金融机构对PPP项目持谨慎态度。

PPP项目落地难的重要原因

专家指出，PPP项目落地难主要有四方面的原因。一是很多地方列出的项目没有经过科学论证，是否有必要建，是否适合用PPP方式做，这些基础性的问题还没搞清楚。二是PPP项目周期长，政府和社会资本可能需要签订为期10年、20年甚至30年的合同，前期准备过程要花时间。三是地方政府信用透支、企业融资难，并且PPP项目肯定不是暴利的，所以企业不会一下扑上来。四是PPP项目对企业、政府提出了综合性的要求，要有施工、财务、运营、法律等多方面的知识储备。

从实践来看，目前我国 PPP 政策不连续、变化快，在一连串政策变化的组合拳（如财办金〔2017〕92 号、国资委〔2017〕192 号和财金〔2019〕10 号文件出台）之后，无论是地方政府、社会资本还是金融机构，对于 PPP 项目都显得信心不足，多数持观望态度。

PPP 主管机构权责重叠

目前我国 PPP 的推广主要由财政部和国家发展改革委等部委负责。不过，财政部和发改委之间存在较大权责重叠，一个管项目一个管资金哪个都绕不开，而且双方在推广 PPP 的思路上有区别：财政部注重“稳”（财政部的第一职责是管理国家财政资金，需严控 PPP 项目质量，避免地方政府将假 PPP 项目包装成化解地方债务的工具），而发改委注重“推”（发改委的第一职责是管理宏观经济，需要经济“稳增长”，因此在基础设施和公用事业领域大力推广 PPP）。部委之间在政策上衔接不够，导致地方在实际操作 PPP 项目的过程中面临困难。

融资困难是 PPP 项目落地的重要障碍之一

笔者认为，PPP 项目落地有一个非常重要的障碍，便是社会资本面临融资困难。目前，PPP 项目中社会资本主要的融资方式仍是以向银行贷款为主。一方面，目前包括银行在内的金融机构支持 PPP 的政策体系还不成熟，社会资本融资渠道不畅；另一方面，通过银行贷款等传统融资方式难以融到足够长期限的资金，这与 PPP 项目本身的长期限（合作期 10~30 年）是一对固有的矛盾。根据财政部《关于进一步做好政府和社会资本合作项目示范工作的通知》(财金〔2015〕57号)规定,政府和社会资本合作期限原则上不低于10年。财政部《关于印发政府和社会资本合作模式操作指南(试行)的通知》(财金〔2014〕113号)指出,运用BOT、TOT、ROT模式的政府和社会资本合作项目的合同期限一般为20~30年。国家发展改革委等发布的《基础设施和公用事业特许经营管理办法》规定,"基础设施和公用事业特许经营期限应当根据行业特点、所提供公共产品或服务需求、项目生命周期、投资回收期等综合因素确定,最长不超过30年"。

鉴于此,社会资本只有通过信托、资管等"曲线救国",这就无形之中增加了资金成本。

调查发现,社会资本除非申请到政策性资金来源,否则一般综合融资成本都在8%上下,而PPP项目的特点是"盈利非暴利",如果社会资本融资成本大于8%甚至达到9%~10%,即使在不考虑法律、技术、环保等诸多风险的情况下,社会资本的盈利水平也很低甚至没有盈利,因此,社会资本投资PPP项目的积极性不高。笔者曾操作过一个PPP项目,投资规模10亿元,资金缺口向银行贷款,担保公司担保,最后融资成本达8%,年回报率只有1%左右,最终社会资本召开股东会决策,项目未得到通过。

媒体报道,某民营生态环保类公司项目经理奔波一年多才有银行愿意贷款,引起业内广泛热议。胡先生是一家民营生态环保类公司的项目经理，主要负责地方 PPP 项目的融资。2017 年下半年，胡先生就开始为一个生态环保类 PPP 项目融资，该项目是国家 PPP 示范项目，属于目前国家重点扶持关注的类型。为给项目融资，胡先生先后找过证券公司、基金公司、直投资金方、商业银行、政策银行，也申报过财政部 PPP 项目补贴、惠普金融补贴，但一直均未有实质性融资落地和补贴资金到位。直到 2018 年 11 月才有了一点眉目。一家商业银行要看可行性研究报告，准备办理授信，但是要求胡先生所在的总公司提供担保。与此同时，另一家商业银行也同意给生态环保类 PPP 项目项目贷款，但是项目贷款的期限只有五年，五年后还本付息，需要再次融资。胡先生在全国操作的多个 PPP 项目，都出现了类似情况。

另一位民营上市公司项目经理谢先生也有类似经历。他负责的一个 PPP 项目被认定为多个中央部委的示范项目，但依然融不到资，项目不得不停工。谢先生坦言："政府明确融资成本上限是基准利率上浮 20%，而这在当前市场上很难融到钱。最近跟当地一家银行在谈，但动辄上亿的融资谈下来比较艰难，对方可能需要上市公司或地方政府提供担保，但这几乎不可能。"

PPP 项目投资规模大

PPP 项目主要涉及基础设施建设和公共服务项目，投资规模大。以特色小镇 PPP 项目为例，其投资规模动辄三五十亿元。鉴于此，地方政府优选的社会资本首先必须具备资金实力强和资本能力强的特点。

数据显示，财政部公布的第二批示范项目中，PPP 项目投资额在 1 亿 ~ 10 亿元的项目 101 个，占示范项目总数的 49%；投资额在 10 亿 ~ 50 亿元的项目 63 个，占示范项目总数的 31.1%；投资额在 50 亿 ~ 100 亿元的项目 16 个，占示范项目总数的 7.8%，投资额在 100 亿元以上的项目 15 个，占示范项目总数的 7.2%。只有 10 个 PPP 项目投资额在 1 亿元以下。

PPP 项目本身存在较大的不确定性风险

与传统项目相比，PPP 项目合作周期长、投资金额大，商业银行对 PPP 项目本身的风险较为谨慎。以某供水 PPP 项目为例，项目风险主要有：其一，运营风险。一是水费的收缴率。PPP 项目公司对当地供水情况及当地企业没有足够的熟悉度和控制力，水费能否及时足够收缴存在风险。二是用水量的变化。现有供水工程设计负荷比较大，收益比较依赖于未来的人口增长和企业的扩张。三是水价调整风险。在长期的运营中随着人力、材料成本的提升，水价的调整对公司收益影响很大。但是作为第三方的运营公司受政府制约较大，是否能够及时调整水价存在一定的风险。其二，支付风险。基于运营风险分析选择的合作模式，PPP 项目业务收入全部来自政府支付，政府的支付能力和信用成为公司收益的最大风险。

投资回报率不高

PPP 项目多是基础设施建设项目和公共服务项目，带有较强的公益性，因此盈利性不够、投资回报率不高。如果盈利预期过低且风险大，则对社会资本介入PPP项目不利。从PPP项目收费机制来看，PPP项目主要包括三类：一是完全市场化的项目，依靠使用者付费，例如供水、供电、燃气等项目；二是准公益类项目，社会资本的投资回报部分来源于使用者付费，不足部分由政府提供缺口补贴，例如城市污水处理、垃圾处理等项目；三是公益类项目，完全由政府支付服务费用，例如生态环境治理等项目。以环保PPP项目为例，许多项目如城市河道治理等盈利预期不高，没有经营性收入，社会资本的投资回报完全依靠政府财政支出。由于项目没有稳定的现金流，因此包括银行业金融机构在内的资本不愿意支持这类项目。

综合来说，PPP推广看似光鲜的背后，却面临着“叫好不叫座”的尴尬。正是因为PPP项目融资难、投资大、期限长、投资回报率不高等，导致PPP项目落地难。

PPP项目融资困难探因

PPP行业流行一句话：“如果说PPP是一场球赛，上半场是通过公平的方式选择最有能力的社会资本和政府合作，下半场就是融资问题”。

调查发现，虽然我国各地公布的PPP项目进展参差不齐，但其共同点是社会资本资金不足，融资困难。在PPP项目操作中，贷款等融资占项目总投资的比例高达70%~80%，因此，项目融资能否成功，对于一个PPP项目来说具有决定性意义。

实践操作PPP项目发现，PPP项目之所以融资困难，有诸多原因：

1. PPP政策变化快

担心政策变化、缺乏法律保障，是社会资本和金融机构的最大顾虑之一。PPP项目属于长期投资，其间城市在规划、建设方面会发生诸多变化，而PPP政策能否与现在保持一致，项目是否会面临拆建问题，投资能否收回，能否实现收益等，无论是社会资本还是金融机构都会有疑问。事实上，我国PPP发展面临的最大风险之一是政策的多变性。有观点认为，过去几十年我国处在计划经济向市场经济、传统社会向现代工商社会快速转型的过程之中，社会经济都在发生深刻变革，在这个过程中通过一份合同把政府和社会资本双方未来二三十年的权利义务完全确定下来，是很大的挑战。

此前多数项目，尤其是现金流较为稳定的优质项目，例如供水、污水处理、垃圾焚烧发电等项目，都能贷款融资。自从2017年国家开始规范PPP的发展，历经长达半年的PPP项目整改期，大量的问题项目被清库。从金融机构的角度看，PPP政策变化太快，担心做了融资以后可能又有新的政策出现。2018年初，PPP领域热传某国有银行全面暂停PPP项目贷款，“先暂停，后清理，再规范，已发文”。媒体报道称，某银行已全面暂停所有PPP融资业务，进行全面的风险排查，暂停期或延续至 2018 年 3 月。

2. PPP 项目融资方式单一

目前，我国 PPP 项目融资方式单一，仍然以银行贷款为主要途径，通过银团融资、债券融资、基金融资、信托融资、保险融资以及资产证券化等方式筹集资金的比例还比较低。国务院发展研究中心对外经济研究部研究室副主任赵福军认为：目前，PPP 项目融资重银行贷款，轻其他金融工具；重 PPP 项目的前期建设和实物资本投资，轻后期的运营和虚拟资本。以银行贷款为主要融资方式难以满足投资大、经营期长且收益不高的 PPP 项目的资金需求。PPP 项目运营和投资形成的资本运营不足导致资本的流动性不足，影响社会资本进入的积极性。

3. 银行对 PPP 项目贷款存在诸多限制

由于 PPP 项目贷款期限长，银行存在资金错配的问题。如商业银行中长期贷款一般为 5 年，很少有贷款期限长达 30 年。出于自身风险因素考虑，银行还需要社会资本对贷款提供抵押、保证等。在自身资产无法满足银行抵押、保证等要求时，社会资本只得寻求担保公司的帮助，这无疑增加了社会资本的资金成本。

2015 年 6 月，媒体刊登的《银行怎么看 PPP 项目：需满足 20 多项条件才给贷款》一文指出，一份国有商业银行的贷款审批意见书显示，针对 PPP 的不同模式，比如 BOT、TOT 等，银行有不同的贷款要求。一个 PPP 项目想要顺利获得银行贷款，需要满足包括所处区域、还款来源、资产负债率、实收资本以及现金流等在内的20多项条件。

在办理PPP项目融资贷款时，首先根据项目所处区域不同安排了不同级别的办理方式。比如项目位于直辖市、省会城市、计划单列市的，可直接办理；项目位于地级市的，则有两种情况。对于还款来源是政府支付为主的，要综合考虑地方财政收入、GDP、地方政府负债率等因素，地方财政一般预算内收入须在15亿元（含）以上，且GDP在200亿元（含）以上。对于还款来源是使用者付费为主的，除上述条件外，还追加了地方社会商品零售总额需在80亿元（含）以上。而对于项目位于县域地区的，地区条件则需要满足地方财政一般预算内收入在10亿元（含）以上，且GDP在100亿元（含）以上。

银行对于PPP项目公司（即贷款主体）的条件更严格，比如要求项目公司为在该银行信用评级10级（A）及以上的大中型企业客户，资产负债率不高于75%，实收资本在3000万元及以上。其他条件则包括：借款人的经营期限或存续期限应长于贷款期限，在该银行开立基本结算账户或一般存款账户等。

对于项目本身，银行的基本要求是符合政府法规的要求。要求符合财政部、发改委等相关政府部门的相关制度规定，符合国家产业、土地、环保等政策，符合土地利用总体规划、城乡规划、土地利用年度计划等规定。按规定履行了项目的合法管理程序，并取得相应的批准（审批、核准、备案）文件。

意见书还显示，银行对项目收益的条件有严格规定。以现金流为例，贷款意见书要求，城市基础设施和公共服务项目需要经营性现金流稳定，项目使用者付费及政府付费获得的收入，要能全额覆盖贷款本息。而且，涉及使用付费者为公众，如果项目未通过价格听证机制，应追加有效抵押担保方式；若项目在完工后无法通过价格听证，应立即停止放款，同时要求客户立即偿还贷款本息和有关费用。

研究发现，上述这家国有商业银行对PPP项目的谨慎并非个例，许多银行亦是如此，除一般的抵押、质押、保证外，还对PPP项目所在地的财政收入、GDP等有明确的规定。如针对某智能立体停车库PPP项目，有银行明确规定项目如果在县级城市，则该市GDP必须在100亿元以上。事实上，该项目所在的县GDP远远达不到100亿元，即使扩展到该县所在的省，GDP能达到100亿元的县也寥寥无几。

不仅如此，上述银行还要求社会资本银行信用评级10级（A），这样又会将许多中小社会资本排除在外。而“经营性现金流稳定”“项目使用者付费及政府付费获得的收入，要能全额覆盖贷款本息”“价格听证机制”等关键性的要求，对需要融资与政府合作PPP项目的社会资本来说无疑是巨大的挑战。

4. 银行利率高

在针对PPP的支持上，我国主要有国开行、农发行等政策性银行。除部分优质、现金流充裕的项目外，一般项目很难争取到政策性贷款，需要社会资本以其他方式融资，寻求商业银行、基金、信托等方面的支持，而这无疑大大增加了社会资本的融资成本，同时降低了自身的投资收益。实践中，许多 PPP 项目即使有商业银行愿意提供长期贷款，其利率也会让社会资本望而却步。

众所周知，PPP 项目大都是公益类的项目，具有盈利性不高的特点。因此，加上银行利息、担保费用以及财产抵押等，在不考虑法律和政策变更风险、政府支付风险、项目运营风险等多方风险的情况下，综合测算后，社会资本每年收益不过 1%~2%，这对社会资本吸引力不大。

5. PPP 项目前期手续不全

项目前期手续不全或存在瑕疵，比如项目的土地手续不全，达不到银行风险控制的要求不能通过审批。

6. PPP 项目所在地政府负债率高

一方面，由于 PPP 项目所在地方政府隐性负债高，一般公共预算收入低，不符合金融机构要求，因此难以实现融资；另一方面，银行内部依据风险（政府负债率）等级对区域进行了划分，某些位于被划分为高风险地区的项目融资就非常困难。

7. PPP 项目本身盈利性问题

一是项目的盈利能力、风险补偿对价难以覆盖长达二三十年的风险承担；二是财务生存能力和清偿能力问题，突出表现在可用于还本付息的现金流难以满足金融机构普遍要求的 15 年内还清贷款的要求，项目面临要么得不到银行放贷，要么必须增加项目资本金，项目股权融资压力大的两难境地。大量项目存在运营期使用短期贷款偿还长期贷款的流动性风险。

8. 国家金融体系还不够完善

在参与 PPP 项目后，社会资本也面临融资的问题。PPP 项目大都是基础设施建设和公共服务项目，工程规模大，投入资金多，动辄数十亿甚至上百亿元。对一般社会资本而言，利用自有资金完成几十亿、上百亿元的项目并不现实，因此需要借助金融机构的力量完成投资。

从 PPP 模式发展趋势来看，未来社会资本的资金主体将多元化，不过由于目前我国金融体系不够完善、资本市场成熟度不够，银行业金融机构仍是 PPP 项目推进过程中最重要的资金来源。一是包括金融担保、信用、再融资、资产证券化等在内的融资体系还不够完善，项目融资方式、融资渠道、进入退出还不够顺畅或便利化、多样化；二是金融服务实体经济的理念还不够深入，金融机构主动管理的积极性还不够。

9. 对于社会资本方实力的判断问题

民营企业长期缺乏金融机构的支持，而国企、央企中标的项目，银行方面由于额度集中的问题（项目过多，PPP 额度计入总公司授信总额），放贷也偏谨慎。

10. 金融机构股权投资问题

（1）期限错配。研究发现，资金错配是影响商业银行支持 PPP 项目的一个重要原因。

PPP 项目大多涉及基础设施建设和公共服务领域，融资周期一般为 8~10 年，最长达 30 年，较一般工商企业贷款更长。然而商业银行的贷款业务以中短期贷款为主，一般为 3~5 年。因此，针对 PPP 项目贷款，商业银行存在资金错配的问题。虽然已有《国家发展改革委 国家开发银行关于推进开发性金融支持政府和社会资本合作有关工作的通知》（发改投资〔2015〕45 号）出台，明确了由国开行对 PPP 项目提供利率优惠、最长可达 30 年贷款期限等方面的差异化信贷政策，但在商业银行政策方面尚无文件出台。

（2）风险与收益平衡问题。PPP 项目主要涉及基础设施建设和公共服务领域，项目的天然属性决定了项目投资回报率不高。之所以目前很多社会资本方青睐 PPP 项目，主要还是看中了建设阶段的施工利润。对金融机构而言，其介入 PPP 项目后很难享有该部分的收益。单纯从股权投资回报上看，与投资能源、TMT、大消费、医疗等领域相比，金融机构的投资回报相差 5~10 个百分点。

关于如何改善项目融资条件，业内专家建议：一是要充分重视项目实施方案前期沟通对接的重要性，充分吸收社会资本、金融机构的合理化建议，安排出切合实际、接近地气的可实施方案，以便实现项目融资，促进项目落地；二是要统筹“项目收益与风险承担”“资本结构与负债结构”“项目现金流与还本付息安排”之间的平衡关系，设计出盈利能力能够满足股权融资、清偿能力能够满足债权融资要求的项目盈利模式；三是信用保障要合理、可靠、闭环，保底使用量、基础价格、绩效考核挂钩等风险敞口要有底线，特别是政府履约能力、履约意愿保障措施要落到实处；四是进一步构建金融服务实体经济的体系建设，鼓励长期低成本资金投资基础设施，完善股权债权交易市场建设，推行基础设施资产证券化、REITS等再融资制度建设，实现项目融资方式多样化。

02

PPP项目投融资主体、结构及融资来源

PPP 项目投融资主体

PPP 项目投融资主体概述

从融资的角度来讲，PPP 项目投融资主体不一定是同一主体。项目的投资人（出资人）在项目的投融资过程中，全部投资、融资都由同一主体完成的，才是同一投融资主体。

但在项目实践中，投资人（出资人）往往出现投资资金不足或者利用资本杠杆，通过另一主体来融资满足项目所需资金的情形。因此，投融资主体包含投融资同一主体和非同一主体两种情形。

项目投资主体，是指项目的投资人，或者叫出资人。投资主体主要有法人主体、自然人主体和联合主体三种，其中联合主体又可以分为法人与法人组成的联合体、法人与自然人组成的联合体、自然人与自然人组成的联合体。

融资主体，也叫借款主体。是指向金融机构或者其他第三方借款的组织机构或个人。

PPP 项目融资主体，一般是指 PPP 项目经过发起、识别、入库等准备阶段和招标程序遴选出社会资本方，中标社会资本方与政府方通过签订 PPP 合同后，依法成立的项目公司（SPV 公司）或社会资本方。

PPP 项目投融资主体的分类

按照不同的分类标准，可以将 PPP 项目投融资主体划分为不同的类别（见图 2-1）。按照成立主体存续的时间和范围，可以划分为既有法人和新设法人；按照法人的资金来源和经营的目的性，可以划分为事业法人和企业法人。

（1）既有法人：法人主体存续时间在 12 个月以上，由原既有的法人主体承担一个新项目的投资、融资、建设和营运，或一个既有项目的提质、改造、扩容等事项，其主体叫既有法人主体；前者叫既有法人新建项目，后者叫既有法人改扩建项目。

（2）新设法人：为承担一个新项目的投资、融资、建设和营运，或既有项目的提质、改造、扩容等事项而新成立的项目公司，存续时间原则上在 12 个月以内的法人组织机构，叫新设法人；前者叫新设法人新建项目，后者叫新设法人改扩建项目。

（3）事业法人：指资金来源依靠国家财政预算资金拨款，从事非营利性社会公益事业的各种法人组织机构。

（4）企业法人：指以营利为目的而出资组建的投资、融资、建设和营运的各种法人组织机构。

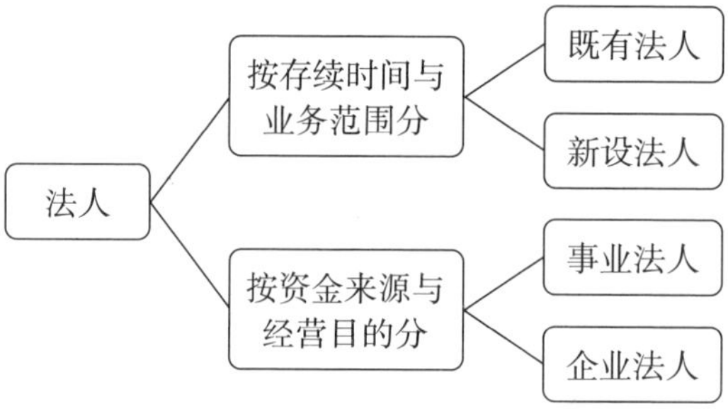

图 2-1　法人的分类

金融机构对 PPP 项目投融资主体合规性的要求

金融机构（包括非金融其他融资人）对投融资主体（借款人）的合规性要求十分严格，因为一个好项目，在一个好的投融资主体手中一定是好的，但如果在一个差的投融资主体手中，有可能就是一个失败的项目。所以，对投融资主体（借款人）一般都有定性、定量的分析和考核要求。

定性分析

定性分析对投融资主体有严格的资格认定要求。

（1）投融资主体（借款人）必须是具有独立承担民事责任和行为能力的机构和个人。

《中华人民共和国民法通则》（以下简称《民法通则》）第三十七条规定：只要是依法成立，具有必要的财产和经费，有自己的名称、组织机构和场所，能够独立承担民事责任的团体组织和个人，就可以成为法人。

从机构来讲，法人组织机构本身具有法人主体资格，而其分支机构不具备法人主体资格；从自然人来讲，年满18周岁的公民，非精神病人，可以独立进行民事活动，是完全民事行为能力人；16~18周岁的公民，以自己劳动收入为主要生活来源的，为完全民事行为能力人；10周岁以上的未成年人是限制民事行为能力人，不满10周岁的未成年人是无民事行为能力人。《民法通则》第十三条规定：精神病人按照病情严重程度分为无民事行为能力人和限制民事行为能力人。

（2）投融资主体（借款人）必须是依法设立登记、有效存续的企事业单位和个人。

“依法设立登记”是指按照《中华人民共和国公司法》(以下简称《公司法》）相关规定申请设立，并根据《中华人民共和国企业法人登记管理条例》和《中华人民共和国公司登记管理条例》等相关规定登记。

“有效存续”主要是指公司现在正在正常营业，没有被注销、破产、解散、停业等异常情况。

（3）投融资主体（借款人）必须是法人治理结构完整，组织机构健全的企事业单位。

按照《公司法》的相关规定，投融资主体必须具有完整的公司章程，理事、监事、股东会议等议事机制健全规范，组织机构、人力资源管理、财务管理、财产管理、生产管理、安全管理、营运、销售管理等规章制度健全。

（4）投融资主体（借款人）必须具备有良好素质的管理团队和技术力量。

对法定代表人、总经理、副总经理、财务总监、技术总监等主要管理团队成员要进行简历考察，通过其简历和征信情况，考察分析其道德、信用、经验、能力、技术、协调等状况，并考察管理团队的整体组织、协调、沟通能力和执行力，考察技术人员和技术团队的技术可靠性。

（5）投融资主体（借款人）必须具有相应的资质能力和项目经验。

相应的资质能力主要是指营业执照中载明的经营范围和按照国家法律法规和行政许可规定必须具有的资质、资格相关证书、文件、说明等。

项目经验主要是指项目投融资主体开展相同、相似、相近的项目投资、融资、建设、营运的业绩，数量、质量以及由此获得的奖项、专利、经验或者科研成果等。

定量分析

定量分析要求对既有法人的分析要考核定量指标，重点分析三张表，即资产负债表、利润表和现金流量表。

投融资主体（借款人）必须具有相应的注册资金与实收资本。注册资金，是指在公司成立时，公司投资人按照《公司法》和公司章程约定的出资比例认缴的出资金额的总额。注册资金出资结构可以是30%以上的货币资金，加上70%以下的实物、知识产权、工业产权、土地使用权等。2013年10月25日国务院总理李克强主持召开国务院常务会议，部署推进公司注册资本登记制度改革，降低创业成本，激发社会投资活力。会议明确“除法律、法规另有规定外，取消有限责任公司最低注册资本3万元、一人有限责任公司最低注册资本10万元、股份有限公司最低注册资本500万元的限制；不再限制公司设立时股东（发起人）的首次出资比例和缴足出资的期限；公司实收资本不再作为工商登记事项”。

注册资金是国家授予企业法人经营管理的财产或者企业法人自有财产的数额体现，反映的是企业经营管理权，是企业实有资产的总和。注册资金随实有资金的增减而增减，当企业实有资金比注册资金增加或减少20%以上时，要进行变更登记。

注册资金反映的是企业实际拥有的财产数额，证明公司至少能承担等同于注册资金的风险。因为有限责任公司需要承担清偿责任时，股东是以出资额为限，公司以全部资产对公司的债务承担责任。

实收资本是出资人已经缴纳到位的认缴资金，或者说是出资人按照公司章程和股东决议实际投入到企业中的各种资产的价值。

尽管在公司登记时取消了最低注册资金限制，改登记制为认缴制，但在融资（借款）时，金融机构（包括非金融其他融资人）依据银保监会相关规定及对银行业高管在信贷管理方面的终身追究制度，不会选择以项目本身作抵押，而是必须从风险控制角度考察投融资主体（借款人）的注册资金和实收资本状况，考虑项目的第一还款来源和第二还款来源。根据《固定资产贷款管理暂行办法》（中国银行业监督管理委员会令2009年第2号），申请固定资产贷款应具备以下条件：

（1）借款人依法经工商行政管理机关或主管机关核准登记；

（2）借款人信用状况良好，无重大不良记录；

（3）借款人为新设项目法人的，其控股股东应有良好的信用状况，无重大不良记录；

（4）国家对拟投资项目有投资主体资格和经营资质要求的，符合其要求；

（5）借款用途及还款来源明确、合法；

（6）项目符合国家的产业、土地、环保等相关政策，并按规定履行了固定资产投资项目的合法管理程序；

（7）符合国家有关投资项目资本金制度的规定；

（8）贷款人要求的其他条件。

在融资实践中，虽然没有明确的对注册资金和实收资本的规定，但大多按照投融资主体（借款人）的注册资金与项目融资金额约1∶10的比例掌握，实收资本与项目融资金额的比例则按1∶3掌握。例如，项目融资额1亿元，其融资主体（借款人）的注册资金要求1000万元以上，实收资本则掌握在300万元以上，以此类推。

投融资主体（借款人）资产负债比例必须处于合理区间

从财务的视角考察项目融资（借款）主体，如果是有效存续的既有法人主体，其资产负债率指标必须处于合理区间，按照通常的财务指标考核，一般企业资产负债率在60%~75%。其计算公式为：

$$资产负债率 = \frac{负债总额（即流动负债 + 长期负债）}{资产总额（即流动资产 + 长期资产）} \times 100\%$$

针对流动资金贷款主体，还会分析流动比率和速动比率。

流动比率的计算公式为：

$$流动比率 = \frac{流动资产总额}{流动负债总额}$$

该指标体现企业的偿还短期债务的能力，通常要求大于等于2。流动资产越多，短期债务越少，则流动比率越大，企业的短期偿债能力越强。若该指标低于正常值，对企业的短期偿债风险较大。一般情况下，营业周期、流动资产中的应收账款数额和存货的周转速度是影响流动比率的主要因素。

速动比率的计算公式为：

$$速动比率 = \frac{流动资产总额 - 存货}{流动负债总额}$$

$$保守速动比率 =（货币资金 + 短期投资 + 应收票据 + 应收账款净额）/ 流动负债$$

速动比率指标更能体现企业的偿还短期债务的能力，通常要求大于等于 1。因为流动资产中包括变现速度较慢且可能已贬值的存货，所以将流动资产扣除存货再与流动负债对比，以衡量企业的短期偿债能力。低于 1 的速动比率通常被认为是短期偿债能力偏低。影响速动比率的重要因素是应收账款的变现能力，账面上的应收账款不一定都能变现，也不一定可靠。

投融资主体（借款人）必须具有相应的盈利能力

投融资主体（借款人）如果不具备相应的盈利能力，就意味着投融资面临极大的风险。因此，原则上既有法人主体不能是亏损。盈利能力的主要财务分析指标见图 2–2。

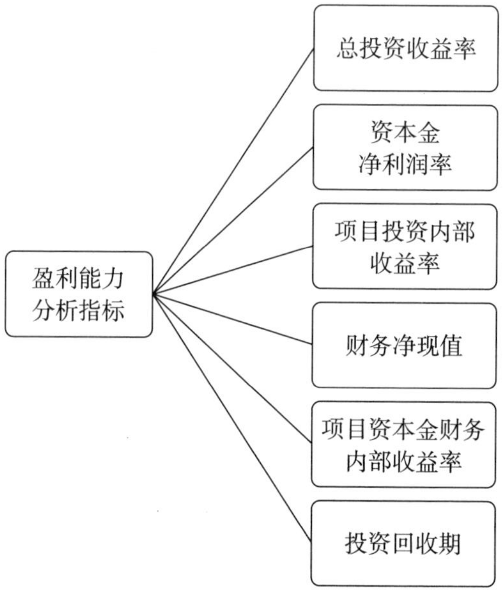

图 2–2　盈利能力的主要财务分析指标

（1）总投资收益率（ROI）：息税前利润与总投资的比值。计算公式为：

$$ROI=\frac{EBIT}{TI}\times 100\%$$

式中：ROI——总投资收益率；

EBIT——息税前利润；

TI——总投资额。

投资利润率 = 年平均利润总额 / 投资总额 ×100%（年平均利润总额 = 年均产品销售收入 – 年均总成本 – 年均销售税金及附加）

（2）资本金净利润率（ROE）：税后利润与所有者权益的比值。计算公式为：

$$ROE=\frac{NP}{EC}\times 100\%$$

式中：ROE——资本金净利润率；

NP——税后利润；

EC——所有者权益。

（3）财务内部收益率（FIRR）：能使项目计算期内各年财务净现金流量的现值之和等于零时的折现率，也就是使项目的财务净现值等于零时的折现率。计算公式为：

$$FIRR=\sum_{t=1}^{n}(CI-CO)_t(1+FIRR)^{-t}$$

式中：CI——现金流入量；

CO——现金流出量；

（CI–CO）——净现金流量；

t——计算期；

n——项目计算期数。

项目的财务内部收益率、资本金财务内部收益率和投资各方财务内部收益率均依据此计算。当财务内部收益率大于等于所设定的判别基准收益率（i）时，可以考虑接受项目财务方案。

（4）财务净现值（FNPV）：按照设定的折现率（一般采用部门或行业的基准收益率 i）计算的项目计算期内现金流量的现值之和。计算公式为：

$$\mathrm{FNPV}=\sum_{t=1}^{n}(\mathrm{CI}-\mathrm{CO})_t(1+i_c)^{-t}$$

式中：FNPV——财务净现值；

$(\mathrm{CI}-\mathrm{CO})_t(1+i_c)^{-t}$——第 t 期净现金流量折算到起始点的现值；

t——计算期；

n——项目计算期数。

当财务净现值大于等于零时，可以考虑接受项目财务方案。

一般情况下只计算项目投资财务净现值，也可根据需要计算所得税前或所得税后净现值。

（5）项目投资回收期（Pt）：项目的净收益回收项目所需要的时间。可分为静态（不折现计算）回收期和动态（折现计算）回收期，一般以年为单位。项目回收期从项目建设开始算起。计算公式为：

$$\sum_{i=1}^{P_t}（CI-CO）_t=0$$

一般借助项目投资现金流量表计算，累计现金流量由负值变成零的时点，即为项目的投资回收期。计算公式为：

$$Pt=（T-1）+\frac{\left|\sum_{i=1}^{T=1}（CI-CO）_i\right|}{（CI-CO）_t}$$

式中：$（CI-CO）_i$——上一年累计净现金流量现值；

$（CI-CO）_t$——出现正值年份净现金流量的现值；

T——各年累计净现金流量首次为正数或零的年数。

当 Pt ≤ P（基准投资回收期）时，说明项目（或方案）能在要求的时间内收回投资，可行；当 Pt>P 时，则项目（或方案）不可行。回收期越短，表示抗风险能力强。

投融资主体（借款人）必须具有可持续发展的财务生存能力

通过考察项目计算期内内的投资、融资和经营活动所产生的各项现金流入和流出，可以计算净现金流量和累计盈余资金，分析项目是否有足够的净现金流量维持正常运行，实现财务可持续性。详见图 2-3。

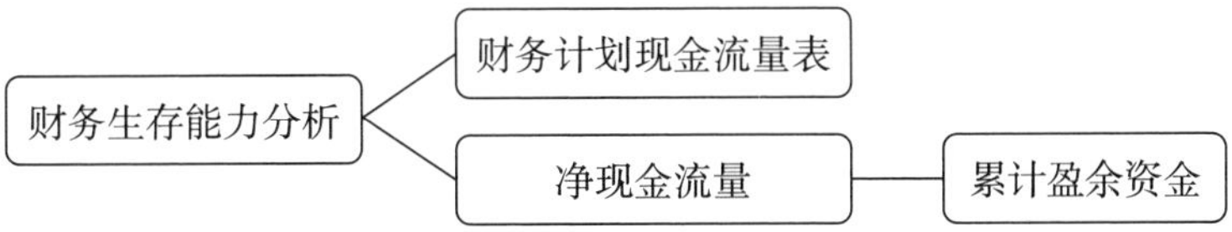

图 2-3　财务生存能力分析图

方法：在分析辅助表、利润与利润分配表的基础上编制财务计划现金流量表。计算公式为：

$$NCF=\sum[(CI_i-CO_i)+(CI_f-CO_f)+(CI_o-CO_o)]$$

式中：(CI_i-CO_i)——投资活动净现金流量；

(CI_f-CO_f)——融资活动净现金流量；

(CI_o-CO_o)——经营活动净现金流量；

CI——现金流入量；

CO——现金流出量。

要求该指标大于等于0。

小结：PPP项目投融资主体，必须是具有法人主体资格、具有民事行为能力、能独立行使民事权利的法人或自然人，对法人主体还有资质与经营范围、盈利能力、偿债能力、财务可持续能力等相关要求。PPP投融资主体，主要是政府与社会资本合作成立的SPV公司。

PPP项目投融资结构

PPP项目投融资结构，是指PPP项目的投资构成关系与融资构成关系。根据国家固定资产投资项目资本金制度和财政部《关于规范金融企业对地方政府和国有企业投融资行为有关问题的通知》（财金

〔2018〕23 号）等规定，笔者认为可分为股权结构和债权结构两大类（见图 2–4）。

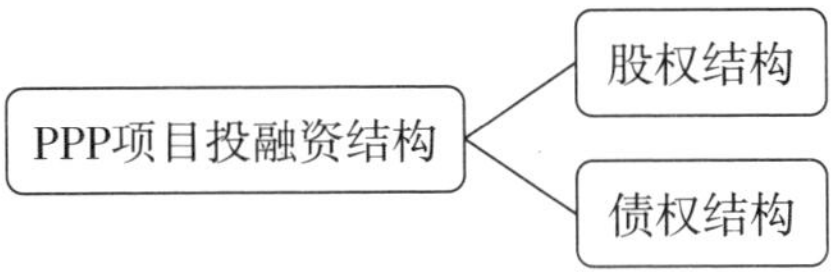

图 2–4　PPP 项目投融资结构类型

股权与股权结构

股权是指基于股东地位而可对公司主张的权利。股权结构是指公司总股本中，不同投资人的债券结构、比例及其相互关系。

股权结构是公司治理结构的基础，公司治理结构则是股权结构的具体运行形式。不同的股权结构决定了不同的企业组织结构，从而决定了不同的企业治理结构，最终决定了企业的行为和绩效。

股权结构的类型

股权结构通常有三种，第一种是一元股权结构；第二种是二元股权结构；第三种是 4+*N* 股权结构。见图 2–5。

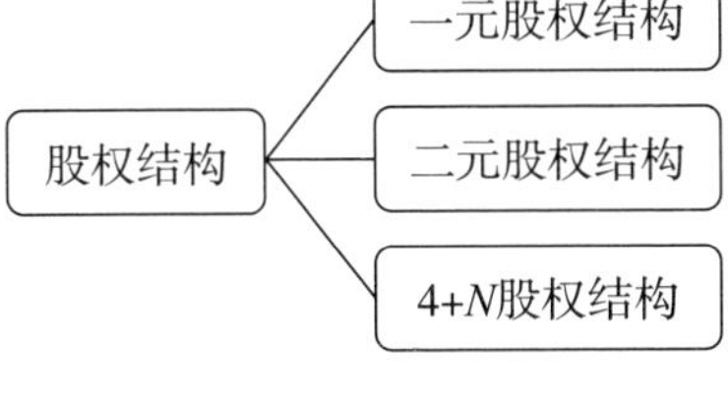

图 2–5　股权结构的类型

1. 一元股权结构

是指股权的股权比例、表决权（投票权）、分红权均一体化。所有中小股东的权利都是根据股权比例决定的。这是最简单的股权结构。

这种结构原则上要避免只有两个股东并各持50%股份的情况，以免在表决上形成僵局。一般设计为相对控股或绝对控股。相对控股是指在三个及以上的股东中，其中一个股东的出资比例相对多于其他股东，比如三个股东出资比例分别为40%、30%、30%（因为40%<30%+30%，所以只能实现相对控股）；绝对控股是指两个股东的情况下，其中一个股东出资比例绝对多于另外一个股东，比如双方出资比例分别为51%和49%的情形。

2. 二元股权结构

是指股权在股权比例、表决权（投票权）、分红权之间做出不等比例的安排，将股东权利进行分离设计（同股不同权）。

我国修订后的公司法规定，公司章程可以约定同股不同权，当然，在股份公司中，只有对不同类别的股东才能进行这样的设计。这种架构设计，适合那些有多个联合创始人，需要将分红权交给某些合伙人，但将决策权交给创始人的情况。

3. 4+*N* 股权结构

是指在二元股权架构的基础上，将公司的股东分为四个类型，分别为创始人、合伙人、员工、投资人，针对他们的权利进行整体性安排的一种股权结构。

PPP 项目 SPV 公司的股权结构

PPP 项目 SPV 公司的股权结构可分为出资比例和股权结构类型两个方面进行介绍。

1. PPP 项目 SPV 公司的出资比例

为激发社会资本的活力，提高效率，根据《PPP 项目合同指南（试行）》（财金〔2014〕156 号文件附件）第二条和《政府和社会资本合作项目财政承受能力论证指引》（财金〔2015〕21 号文件）第十条等有关规定，政府出资在项目公司中的持股比例应当低于 50%，不具有实际控制力及管理权。通常情况下，PPP 项目 SPV 公司中，政府出资比例在 20% 以下，有的只是象征性出资。

2. PPP 项目 SPV 公司的股权结构类型

股权结构类型主要有两种，一种是单一社会资本方（一家企业或多家企业组成的联合体）按照市场化运作原则出资设立，负责项目的投资、融资、建设、运营等项目全生命周期事项；另一种是政府 + 社会资本方（一家企业或多家企业组成的联合体）出资设立。详见图 2–6。

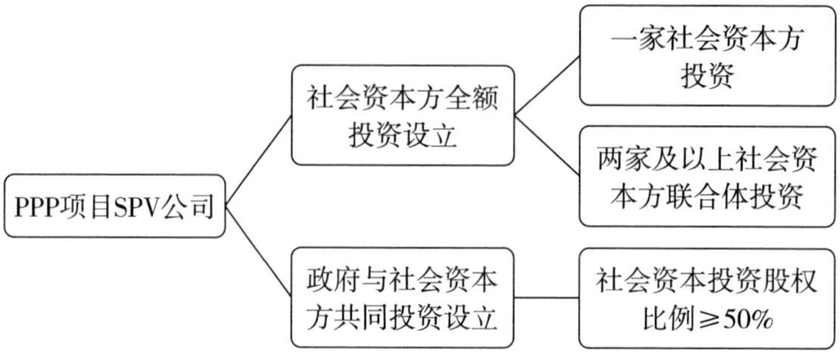

图 2-6　PPP 项目 SPV 公司的股权结构类型

债权与债权结构

债权是指债权人相对于债务人所主张的一种权利。债权结构是指各种债务资金的结构及其比例关系。

PPP 项目 SPV 公司的债权结构

PPP 项目 SPV 公司的债权结构是指除股东出资的权益性股本金外的各种债务资金的结构。一般来讲有以下几种形式：

（1）PPP 项目资本金 + 银行固定资产贷款（中长期贷款）；

（2）PPP 项目资本金 + 银行固定资产贷款（中长期贷款）+ 债券（包括专项债券）；

（3）PPP 项目资本金 + 银行固定资产贷款（中长期贷款）+ 基金；

（4）PPP 项目资本金 + 银行固定资产贷款（中长期贷款）+ 信托；

（5）PPP 项目资本金 + 银行固定资产贷款（中长期贷款）+ 债券 / 基金 / 信托 / 其他。

PPP 项目 SPV 公司的债权比例关系

关于 PPP 项目 SPV 公司的债权比例关系，1996 年 8 月发布的《国务院关于固定资产投资项目试行资本金制度的通知》（国发〔1996〕35 号）规定："在投资项目的总投资中，除项目法人（依托现有企业的扩建及技术改造项目，现有企业法人即为项目法人）从银行或资金市场筹措的债务性资金外，还必须拥有一定比例的资本金。投资项目资本金，是指在投资项目总投资中，由投资者认缴的出资额，对投资项目来说是非债务性资金，项目法人不承担这部分资金的任何利息和债务；投资者可按其出资的比例依法享有所有者权益，也可转让其出资，但不得以任何方式抽回。"

该通知明确，作为计算资本金基数的总投资，是指投资项目的固定资产投资与铺底流动资金之和。

出资方式：可以用货币出资，也可以用实物、工业产权、非专利技术、土地使用权作价出资。

出资资金分类：

（1）政府投资：各级人民政府的财政预算内资金、国家批准的各种专项建设基金、"拨改贷"和经营性基本建设基金回收的本息、土地批租收入、国有企业产权转让收入、地方人民政府按国家有关规定收取的各种规费及其他预算外资金。

（2）投资机构及企业法人投资：投资机构及企业法人的所有者权益

（包括资本金、资本公积金、盈余公积金和未分配利润、股票上市收益资金等）、企业折旧资金以及投资者按照国家规定从资金市场上筹措的资金。

（3）社会个人合法所有的资金和国家规定可以作为项目资本金的其他资金。

固定资产投资项目资本金比例：根据产业及工程类型（如鼓励类产业、限制类产业、民生工程等、风险程度等，项目资本金比例不同，并适时动态调整，金融机构根据风险度在国家资本金比例的基础上进行调整，原则上不低于国家资本金比例。

我国 PPP 相关资本金制度的发展

固定资产投资项目资本金制度既是宏观调控手段，也是风险约束机制，同时对 PPP 项目公司投融资行为也有重要的影响。

固定资产投资项目资本金制度历史沿革

我国固定资产投资项目资本金制度可追溯至 1996 年

1996 年 8 月，《国务院关于固定资产投资项目试行资本金制度的通知》（国发〔1996〕35 号）出台。该通知明确，从 1996 年开始，对各种经营性投资项目，包括国有单位的基本建设、技术改造、房地产开发项目和集体投资项目等，试行资本金制度，投资项目必须首先落实资本金才能进行建设。个体和私营企业的经营性投资项目参照该通知的规定执行。投资项目资本金占总投资的比例，根据不同行业和项目的经济效益等因素确定。

国发〔1996〕35号文件首次明确对于各种经营性投资项目实行资本金制度，资本金比例根据行业属性各有不同，最低为20%。公益性投资项目不实行资本金制度。外商投资项目（包括外商独资、中外合资、中外合作经营项目）按现行有关法规执行。

为应对部分行业投资过热上调资本金比例

2004年4月，为应对部分行业投资过热，国务院发文对钢铁、电解铝、水泥、房地产等行业资本金进行上调。《国务院关于调整部分行业固定资产投资项目资本金比例的通知》（国发〔2004〕13号）指出，经济运行中的突出矛盾集中表现在投资增长过快、新开工项目过多、在建规模过大，投资结构不合理，钢铁、电解铝、水泥行业盲目投资、低水平重复建设现象严重，房地产开发投资增幅过高，开发资金过多依赖银行贷款。为加强宏观调控，调整和优化经济结构，促进上述行业的健康发展，决定对国发〔1996〕35号文件有关钢铁、电解铝、水泥、房地产开发行业建设项目资本金比例进行调整：（1）钢铁项目资本金比例由25%及以上提高到40%及以上；（2）水泥、电解铝、房地产开发项目（不含经济适用房项目）资本金比例由20%及以上提高到35%

及以上。

为应对次贷危机的影响和刺激经济发展调整最低资本金

2009年5月，为应对次贷危机的影响和刺激经济发展，《国务院关于调整固定资产投资项目资本金比例的通知》（国发〔2009〕27号）出台，对部分行业的最低资本金比例进行调整：钢铁、电解铝项目，最低资本金比例为40%；水泥项目，最低资本金比例为35%；煤炭、电石、铁合金、烧碱、焦炭、黄磷、玉米深加工、机场、港口、沿海及内河航运项目，最低资本金比例为30%；铁路、公路、城市轨道交通、化肥（钾肥除外）项目，最低资本金比例为25%；保障性住房和普通商品住房项目的最低资本金比例为20%，其他房地产开发项目的最低资本金比例为30%；其他项目，最低资本金比例为20%。

经国务院批准，对个别情况特殊的国家重大建设项目，可以适当降低最低资本金比例要求。属于国家支持的中小企业自主创新、高新技术投资项目，最低资本金比例可以适当降低。外商投资项目按现行有关法规执行。

为调结构、促增长，增加公共产品和公共服务供给调整资本金比例

2015年9月，为了调结构、促增长，增加公共产品和公共服务供给，《国务院关于调整和完善固定资产投资项目资本金制度的通知》（国发〔2015〕51号）出台，对固定资产投资项目的资本金比例进行了下调，城市和交通基础设施项目如城市轨道交通项目由25%调整为20%，港口、沿海及内河航运、机场项目由 30% 调整为 25%，铁路、公路项目由 25% 调整为 20%。房地产开发项目中的保障性住房和普通商品住房项目维持 20% 不变，其他项目由 30% 调整为 25%。产能过剩行业项目如钢铁、电解铝项目维持 40% 不变，水泥项目维持 35% 不变，煤炭、电石、铁合金、烧碱、焦炭、黄磷、多晶硅项目维持 30% 不变。其他工业项目如玉米深加工项目由 30% 调整为 20%，化肥（钾肥除外）项目维持 25% 不变。电力等其他项目维持 20% 不变。

为促进有效投资和风险防范紧密结合、协同推进适当调整基础设施项目最低资本金比例

2019 年 11 月，《国务院关于加强固定资产投资项目资本金管理的通知》（国发〔2019〕26 号）出台，该通知指出，为促进有效投资和风险防范紧密结合、协同推进，适当调整基础设施项目最低资本金比例：港口、沿海及内河航运项目，项目最低资本金比例由 25% 调整为 20%；机场项目最低资本金比例维持 25% 不变；其他基础设施项目维持 20% 不变。其中，公路（含政府收费公路）、铁路、城建、物流、生态环保、社会民生等领域的补短板基础设施项目，在投资回报机制明确、收益可靠、风险可控的前提下，可以适当降低项目最低资本金比例，但下调不得超过 5 个百分点。

1996—2019 年我国固定资产投资项目比例调整情况见表 2-1。

表 2-1　固定资产投资项目资本金比例调整表（1996—2019 年）

<table>
<tr><th colspan="2">行业类别</th><th>1996 年规定</th><th>2004 年调整</th><th>2009 年调整</th><th>2015 年调整</th><th>2019 年调整</th></tr>
<tr><td rowspan="4">城市和交通基础设施</td><td>城市轨道交通项目</td><td rowspan="9">1. 交通运输、煤炭项目，资本金比例为 35% 及以上；
2. 钢铁、邮电、化肥项目，资本金比例为 25% 及以上；
3. 电力、机电、建材、化工、石油加工、有色、轻工、纺织、商贸及其他行业的项目，资本金比例为 20% 及以上。</td><td rowspan="9">1. 钢铁项目资本金比例由 25% 及以上提高到 40% 及以上；
2. 水泥、电解铝、房地产开发项目（不含经济适用房项目）资本金比例由 20% 及以上提高到 35% 及以上。</td><td>最低 25%</td><td>25% 调整为 20%</td><td>维持 20% 不变</td></tr>
<tr><td>港口、沿海及内河航运项目</td><td>最低 30%</td><td>30% 调整为 25%</td><td>25% 调整为 20%</td></tr>
<tr><td>机场项目</td><td>最低 30%</td><td>30% 调整为 25%</td><td>维持 25% 不变</td></tr>
<tr><td>铁路、公路项目</td><td>最低 25%</td><td>25% 调整为 20%</td><td>20% 调整为 15%（公路、铁路、城建、物流、生态环保、社会民生等领域）</td></tr>
<tr><td rowspan="2">房地产开发</td><td>保障性住房和普通商品房项目</td><td>最低 20%</td><td>维持 20% 不变</td><td>维持 20% 不变</td></tr>
<tr><td>其他房地产开发项目</td><td>最低 30%</td><td>30% 调整为 25%</td><td>维持 25% 不变</td></tr>
<tr><td rowspan="3">产能过剩行业</td><td>钢铁、电解铝项目</td><td>最低 40%</td><td>维持 40% 不变</td><td>维持 40% 不变</td></tr>
<tr><td>水泥项目</td><td>最低 35%</td><td>维持 35% 不变</td><td>维持 35% 不变</td></tr>
<tr><td>煤炭、电石、铁合金、烧碱、焦炭、黄磷、多晶硅项目</td><td>最低 30%
（未列多晶硅）</td><td>维持 30% 不变</td><td>维持 30% 不变</td></tr>
</table>

续表

行业类别		1996 年规定	2004 年调整	2009 年调整	2015 年调整	2019 年调整
其他工业	玉米深加工项目			最低 30%	30% 调整为 20%	维持 20% 不变
	化肥（钾肥除外）项目			最低 25%	维持 25% 不变	维持 25% 不变
	电力等其他项目			最低 20%	维持 20% 不变	维持 20% 不变
备注		投资项目资本金的具体比例，由项目审批单位根据投资项目的经济效益以及银行贷款意愿和评估意见等情况，在审批可行性研究报告时核定。经国务院批准，对个别情况特殊的国家重点建设项目，可以适当降低资本金比例。		1. 经国务院批准，对个别情况特殊的国家重大建设项目，可以适当降低最低资本金比例要求。属于国家支持的中小企业自主创新、高新技术投资项目，最低资本金比例可以适当降低。外商投资项目按现行有关法规执行。 2. 2010 年 12 月 21 日，为贯彻落实科学发展观，促进多晶硅行业节能降耗、淘汰落后和结构调整，引导行业健康发展，根据国家有关法律法规和产业政策，工业和信息化部、国家发展改革委、环境保护部会同有关部门制定了《多晶硅行业准入条件》，其中规定：多晶硅项目应当符合国家产业政策、用地政策及行业发展规划，新建和改扩建项目投资中最低资本金比例不得低于 30%。	城市地下综合管廊、城市停车场项目，以及经国务院批准的核电站等重大建设项目，可以在规定最低资本金比例基础上适当降低。	1. 实行审批制的项目，审批部门可以明确项目单位按此规定合理确定的投资项目资本金比例。实行核准或备案制的项目，项目单位与金融机构可以按此规定自主调整投资项目资本金比例。 2. 法律、行政法规和国务院对有关投资项目资本金比例另有规定的，从其规定。

PPP 项目资本金制度

从调整逻辑讲，固定资产投资项目的资本金制度调整变化从宏观层面看是通过不同行业的资本金差异调整产业结构布局、促进经济平衡增长，从微观层面看则是通过对资本金比例的要求限制企业过高的投资杠杆，控制项目风险。

我国 PPP 项目的资本金最低为 20%，港口、沿海及内河航运、城市停车场项目以及经国务院批准的核电等重大建设项目可以在规定的最低资本金比例基础上适当降低。2019 年 6 月，中共中央办公厅、国务院办公厅发布《关于做好地方政府专项债券发行及项目配套融资工作的通知》，允许将专项债券作为符合条件的重大项目资本金，主要指国家重点支持的铁路、国家高速公路和推进国家战略的地方高速公路、供电、供气项目等。将专项债用作资本金是继《关于规范政府和社会资本合作（PPP）综合信息平台项目库管理的通知》（财办金〔2017〕92 号）和《关于加强中央企业 PPP 业务风险管控的通知》（国资发财管〔2017〕192 号）禁止 PPP 项目资本金“名股实债”的重大政策突破。2019 年 7 月，国家发展改革委发布《关于依法依规加强 PPP 项目投资和建设管理的通知》（发改投资规〔2019〕1098 号）指出：“按照国务院有关规定，‘投资项目资本金对投资项目来说是非债务性资金，项目法人不承担这部分资金的任何利息和债务；投资者可按其出资的比例依法享有所有者权益，也可转让其出资，但不得以任何方式抽回’。各行业固定资产投资项目资本金必须满足国务院规定的最低比例要求，防止过度举债融资等问题。PPP 项目的融资方式和资金来源应符合防范化解地方政府隐性债务风险的相关规定。不得通过约定回购投资本金、承诺保底收益等方式违法违规变相增加地方政府隐性债务，严防地方政府债务风险”。

2019 年《政府工作报告》指出：创新项目融资方式，适当降低基础设施等项目资本金比例，用好开发性金融工具，吸引更多民间资本参与重点领域项目建设。对 PPP 项目而言，项目资本金比例一般为 20%~30%。在项目融资难、融资贵、落地难的背景下，《政府工作报告》指出适当降低基础设施等项目资本金比例，对扩大社会资本融资、降低风险无疑是有利的。

理论上讲，股权性资金的成本要高于债权性资金，因此，降低 PPP 项目资本金能够有效降低 PPP 项目的成本，有利于提高社会资本参与 PPP 的积极性。此外，降低 PPP 项目资本金所形成的“小股大债”结构可以解决股权回报的双重征税问题，在所得税前起到税盾[1]作用，降低社会资本在整个项目公司期间的融资成本。

PPP 项目融资来源

PPP 项目融资来源主要是国内金融机构、非金融机构和海外债务性

❶ 税盾，指可以产生避免或减少企业税负作用的工具或方法。

资金提供者。

国内金融机构和非银行金融机构不能以债务性（包括“明股实债”）资金作为项目资本金投入

《中华人民共和国商业银行法》第四十三条规定：“商业银行在中华人民共和国境内不得从事信托投资和证券经营业务，不得向非自用不动产投资或者向非银行金融机构和企业投资”，因此，银行金融机构不能以投资人身份参加 PPP 的社会资本方进行投资，只能当 PPP 进入执行阶段，SPV 公司成立之后，才能以贷款人（债权人）身份为 PPP 项目提供融资服务。

根据财政部《关于规范金融企业对地方政府和国有企业投融资行为有关问题的通知》（财金〔2018〕23 号）精神，PPP 项目资本金必须是权益性资金、禁止“明股实债”变相融资，因此其融资来源渠道也随着 PPP 的规范而变得更加有限。通过发行股票和债券、提供保险、接受信用委托等形式筹集资金，然后将筹集的资金用来进行长期投资的非银行金融机构，只能以股权投资模式参加 PPP 项目，而不能以“明股实债”方式向 PPP 项目提供融资服务。

银行业金融机构是 PPP 项目融资来源的主渠道

PPP 项目具有公益性、公共性的鲜明特点，其全生命周期期限长，从经济评价上来说投资回收期较长，短的10年，长的达30年，投资回报低是其突出的经济特征。因此，通过银行业金融机构向PPP项目按固定资产投资项目提供中长期贷款（严格来讲是5年期以上的长期贷款）才是主渠道。

据银保监会统计，截至2019年6月底，全国共有4597家银行业金融机构，包括3家政策性银行（中国农业发展银行、国家开发银行、中国进出口银行），6家大型国有商业银行（中国工商银行、中国农业银行、中国银行、中国建设银行、中国邮政储蓄银行、交通银行），12家全国性股份制商业银行（招商银行、浦发银行、中信银行、中国光大银行、华夏银行、中国民生银行、广发银行、兴业银行、平安银行、恒丰银行、浙商银行、渤海银行）以及约4000家其他商业银行（包括150多家城市商业银行、1423家农村商业银行、1622家村镇银行，及外资、侨资与合资银行）。

非银行金融机构是PPP项目融资来源的辅助渠道

非银行金融机构是指以发行股票和债券、接受信用委托、提供保险等形式筹集资金，并将所筹资金运用于长期性投资的金融机构，主要包括信托公司、基金管理公司、金融资产管理公司、保险公司、金融租赁公司、保险资产管理公司、财务公司等。

我国金融体系结构见图2–7。

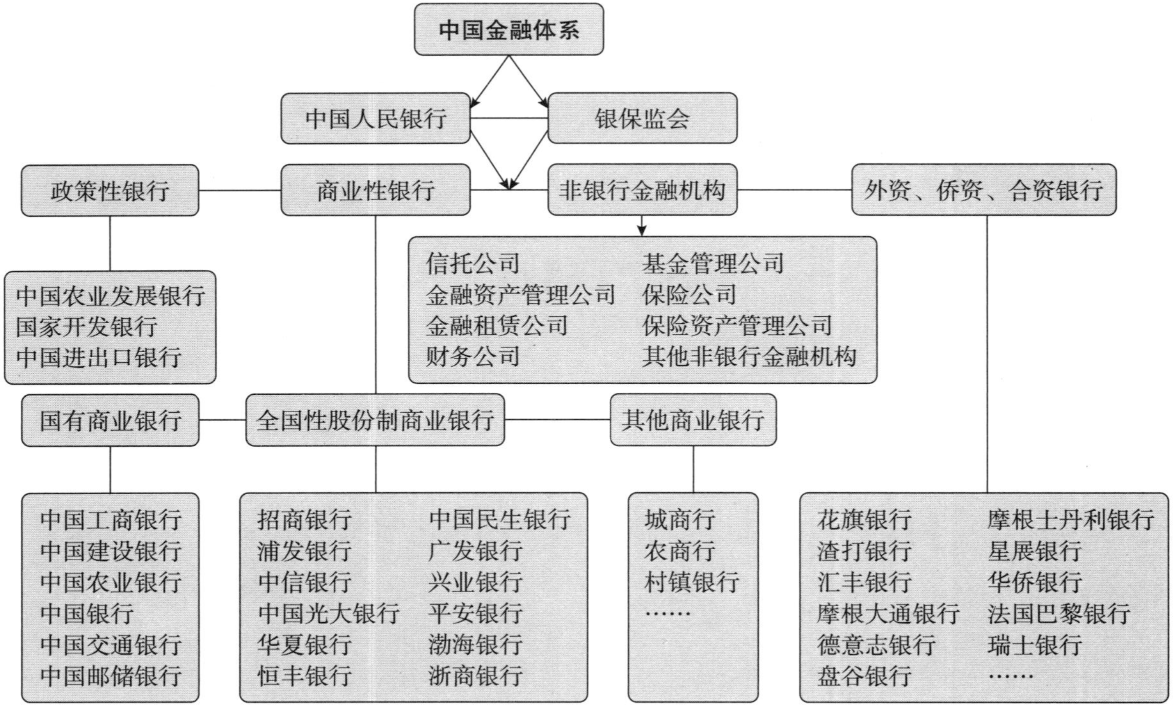

图 2-7　中国金融体系示意图

债券（包括专项债券）、证券、基金、信托等是 PPP 项目融资来源的补充渠道

PPP 项目根据各阶段资金需求的不同，其融资渠道和资金来源也不同。在项目识别、准备和采购阶段，主要是项目的前期论证和准备工作，其融资活动主要在社会资本方与政府方签订 PPP 合同，成立 SPV 公司之后进行，除上述主渠道项目借助贷款进行建设外，在其营运期和移交期，债券（包括专项债券）、证券、基金、信托等可以成为 PPP 项目融资来源的补充渠道。我国各种债务发行渠道见图 2-8。

中国人民银行	发展改革委	证监会	财政部
银行间交易市场（各种票据和工具）	（企业债）	证券交易所（公司债）	（地方政府债）
1.中期票据；	1.普通城投债；	1.公开发行债券；	1.一般债券；
2.短期融资券；	2.双创债；	2.非公开发行债券；	2.专项债券
3.超短期融资券；	3.绿色债；	3.向合格投资者公募债；	
4.定向融资工具；	4.项目收益债；	4.可转换债券；	
5.资产支持票据；	5.可续期债	5.可交换债；	
6.中小企业集合票据；	6.中小企业集合债；	6.中小企业私募债；	
7.项目收益票据；	7.地下管廊综合债；	7.并购重组私募债；	
8.债务融资工具；	8.养老产业专项债；	8.企业资产支持证券；	
9.绿色债务融资工具	9.并购企业专项债；	9.信贷资产支持证券	
	10.配电网建设专项债；		
	11.战略新兴产业专项债；		
	12.城市停车场专项债		

图 2-8　中国各种债券发行渠道及其主管部门

保险公司参与 PPP 的方式

由于 PPP 项目通常投资规模大、生命周期长，在项目建设和运营期间面临很多风险，因此 PPP 项目公司以及项目的社会资本方、融资方、承包商和分包商、原料供应商、专业运营商都有借助保险降低自身风险

的需求。对于保险公司而言，可以开发信用险种为PPP项目的履约风险和运营风险承保，以增加PPP项目结构设计的灵活性，降低和转移PPP参与方的风险。

2014年12月，新华人寿保险股份有限公司（以下简称“新华保险”）与广州市政府共同成立“广州（新华）城市发展产业投资基金”。根据协议，广州市政府与新华保险共同设立规模为200亿元的广州（新华）城市发展产业投资基金。该基金将坚持政府主导、市场化运作的原则，创新城市投资方式，充分发挥大额长期保险资金的独特优势，立足广州市，投向城市更新、城市产业、城市生活、城市动力等四个板块，即：包括南沙新区建设、棚户区改造、传统交易市场转型升级在内的城市更新板块；面向主导型、创新型产业孵化器和产业园区的城市产业板块；面向安居工程、医疗卫生工程、垃圾处理工程的城市生活板块；面向新能源、物流、供水供电项目的城市动力板块。

PPP项目融资特点

自2017年以来，我国的PPP市场随着一系列强监管政策的颁布逐步走向规范，地方政府、社会资本等市场参与方对于PPP的理解更深并逐步达成共识。就金融机构而言，在PPP日益规范的大背景下，对于PPP项目的参与度也逐步提升，再加上当下优质的信贷资产欠缺，金融机构对于 PPP 尤其是优质的 PPP 项目更为青睐。

PPP 全生命周期制度体系

PPP 的全生命周期（Whole life cycle）是指项目从设计、融资、建造、运营、维护至终止移交的完整周期。财政部《关于印发政府和社会资本合作模式操作指南（试行）的通知》（财金〔2014〕113 号）规定，将 PPP 项目操作流程分为识别、准备、采购、执行、移交等 5 个阶段共 19 个环节，业内称之为“519”（见图 2–9）。

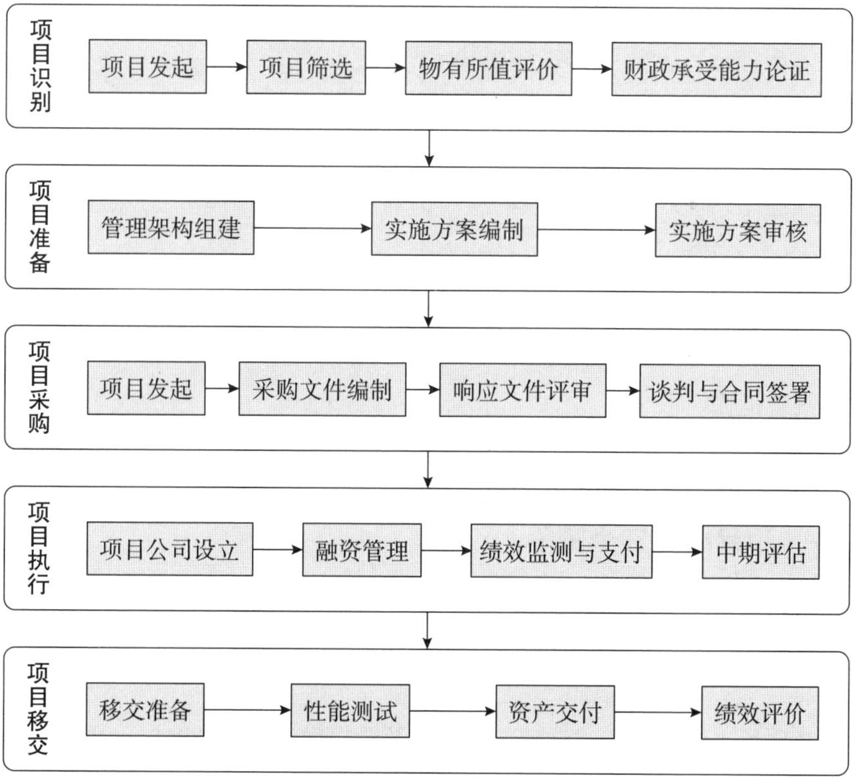

图 2–9　政府和社会资本合作项目操作流程图

财政部《关于推广运用政府和社会资本合作模式有关问题的通知》（财金〔2014〕76号）第三条提出，"探索项目采购、预算管理、收费定价调整机制、绩效评价等有效管理方式，规范项目运作，实现中长期可持续发展，提升资金使用效益和公共服务水平"，《财政部关于印发〈政府和社会资本合作项目财政管理暂行办法〉的通知》（财金〔2016〕92号）从采购管理、预算管理、监督管理等方面强调PPP项目的全生命周期管理。

2017年11月，财政部印发《关于规范政府和社会资本合作（PPP）综合信息平台项目库管理的通知》（财办金〔2017〕92号），提出分类施策，各级财政部门应按项目所处阶段将项目库分为项目储备清单和项目管理库，将处于识别阶段的项目，纳入项目储备清单，重点进行项目孵化和推介；将处于准备、采购、执行、移交阶段的项目，纳入项目管理库，按照PPP相关法律法规和制度要求，实施全生命周期管理，确保规范运作。

PPP项目融资三个阶段

按照PPP项目全生命周期，PPP项目融资可以分为股权融资（资本金融资）、债权融资和再融资三个阶段。鉴于目前财政部PPP项目库的PPP项目主要集中在建设期，重点涉及股权融资和债权融资，再融资还未提上议事日程。新政出台后，银行业金融机构对于PPP项目融资主要集中于债权融资。因此，对社会资本而言，PPP 项目的股权融资是其融资痛点。

PPP 项目融资结构及存在问题

PPP 项目融资结构如图 2-10 所示。

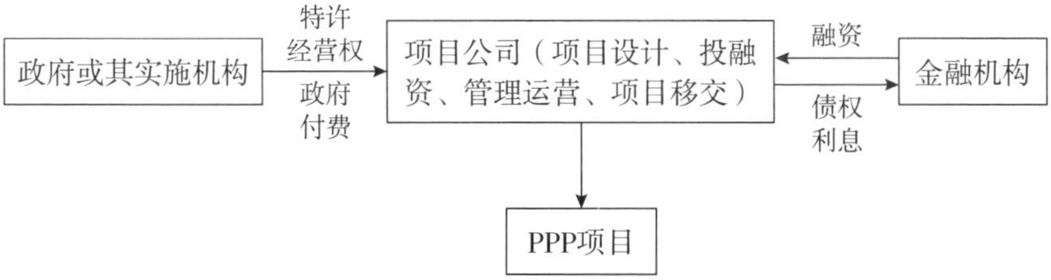

图 2-10　PPP 项目融资结构图

研究显示，PPP 项目融资结构问题涉及两个层面，一是 PPP 项目公司资本金结构问题，二是股权、债权结构问题。

PPP 项目公司资本金结构是指项目公司初始股东构成，主要包括承包商、建筑商、运营商及专业投资机构等。严格来说，不同的 PPP 项目需要有合理的项目参与方参股并占据控股地位，这样才有助于基建项目的事务协调和整体推进。例如高速公路项目，应由有建筑资质、经验丰富的建筑企业在 PPP 项目公司中占据控股地位。同时，作为政府方，最好入股项目公司，这样做的目的是加强政府与社会资本的合作，进一步协调公共部门和社会资本之间的利益关系，实现双方共赢。

股权、债权融资结构是指项目公司的杠杆水平。为了获取更大收益，

PPP 项目融资都会放大杠杆，尤其是对于铁路、机场等投入资金规模大、建设周期长的公共基础设施项目，这种优势会更加明显。股权融资方面，当 PPP 项目处于建设期时，社会资本很难通过股权融资。而当 PPP 项目建成后进入运营期，随着投资风险的逐步降低，相对比较容易获得保险、养老等资金的股权投资。债权融资方面，PPP 项目债权融资一般包括银行贷款、非银行金融机构贷款、国际组织贷款、债券、资产证券化等方式。PPP 项目融资结构需要通盘考虑，整体衡量：既要考虑最优的资本结构，避免过度依赖资本金造成成本过高（事实上一般的社会资本根本不可能完全利用自有资金完成总投资达数亿元的 PPP 项目投资），又要避免过于高杠杆运营，造成债务压力过大，给 PPP 项目带来极大的经营风险。

融资成本与 PPP 项目关系密切

政府部门和社会资本依照风险分担、利益共享的原则签订长期合作协议。融资风险作为各类风险的重要一环，一般都是由社会资本承担，原因在于社会资本资金充裕、渠道广。

然而，与一般项目相比，PPP 项目的特征是投资规模大、技术要求高、建设周期长以及服务产品具有公共性等，这使得 PPP 融资更为复杂，社会资本难以进入或进入后难以持续，存在资金可获得性风险、再融资风险、利率风险、汇率风险等诸多风险。此外，融资成本高也是令社会资本对 PPP 项目望而却步的重要因素。

专家指出，融资成本直接关系到项目的建设、运营，如果处理不当会直接影响项目的成败。现实情况是，PPP 项目融资非常依赖银行渠道，这种状况不利于社会资本降低融资成本。随着银行监管力度的加大，银行资金成本也逐渐上升，这会进一步传导到 PPP 融资成本上，对社会资本而言并不是利好消息。

实践中，在政府和社会资本完全履约的前提下，通常社会资本在投资一个 PPP 项目 10 年后才开始享受收益。表面上看，PPP 项目 10~20 年的收益期的确诱人，事实却并非如此。社会资本在经过层层竞争并与政府签订 PPP 协议后，还有一个极为重要的使命，即融资。

通常情况下，社会资本需要找银行、基金、保险、信托等金融机构贷款，才能完成投资，PPP 项目也才能真正落地。然而，商业银行中长期贷款一般为 5 年，很少有贷款期限长达 30 年的。这就需要社会资本以其他方式高息融资，无疑大大增加了社会资本的融资成本，反过来就大大降低了自身的投资收益。即使商业银行能够提供长期贷款，利率也让社会资本望而却步。不仅如此，出于自身风险因素考虑，银行还需要社会资本对贷款提供抵押、担保。综合测算下来，加上银行利息、担保费用以及财产抵押，社会资本每年收益不过 1%~2%。如果投资回报率低于每年 8%，则需要更长时间才能收回投资。

因此，有效解决 PPP 项目融资难题既是吸引社会资本参与基础设施建设和公共服务项目的重要保障，也是保证 PPP 项目顺利完成的重要基础。

PPP 项目合同体系

PPP项目合同是指政府方(政府或政府授权机构)与社会资本方(社会资本或项目公司)依法就PPP项目合作所订立的合同。在PPP项目中，除政府和社会资本方外，项目公司的股东之间，项目公司与项目的融资方、承包商、专业运营商、原料供应商、产品或服务购买方、保险公司等其他参与方之间，还会围绕 PPP 项目合作订立一系列合同来确定和调整彼此之间的权利义务关系，共同构成 PPP 项目的合同体系。

PPP 项目合同是整个合同体系的基础和核心，政府方与社会资本方的权利义务关系以及 PPP 项目的交易结构、风险分配机制等均通过该项目合同确定，并以此作为各方主张权利、履行义务的依据和项目全生命周期顺利实施的保障。

PPP 项目合同体系的主要相关主体

PPP 项目的参与方通常包括政府、社会资本方、融资方、承包商和分包商、原料供应商、专业运营商、保险公司以及相关专业机构等。因此，其合同的相关主体即是参与主体（图 2–11）。

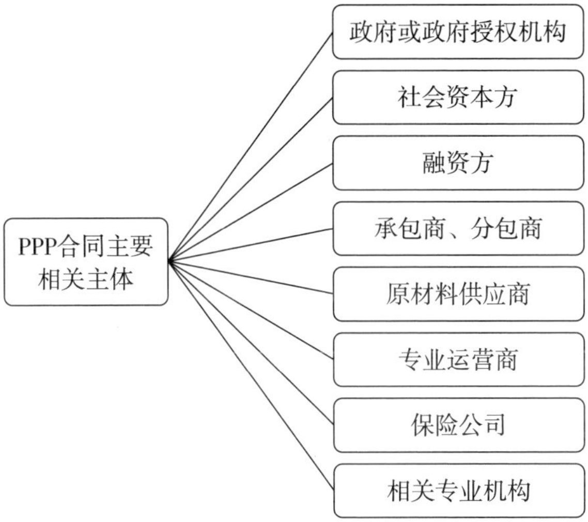

图 2-11　PPP 合同相关主体

合同体系框架

财政部《关于规范政府和社会资本合作合同管理工作的通知》（财金〔2014〕156 号）和《国家发展改革委关于开展政府和社会资本合作的指导意见》（发改投资〔2014〕2724 号）均对 PPP 项目的合同体系进行了相关规定，财金〔2014〕156 号文件规定的合同体系更为完善，对 PPP 项目实际操作指导作用更强。下面根据财政部规定对 PPP 项目合同体系进行分析。

PPP 项目合同体系（见图 2-12），主要涉及政府与社会资本的关系、社会资本组成各方的关系、项目公司与市场主体之间的关系三个方面，相应的合同关系主要发生在这三组关系中。

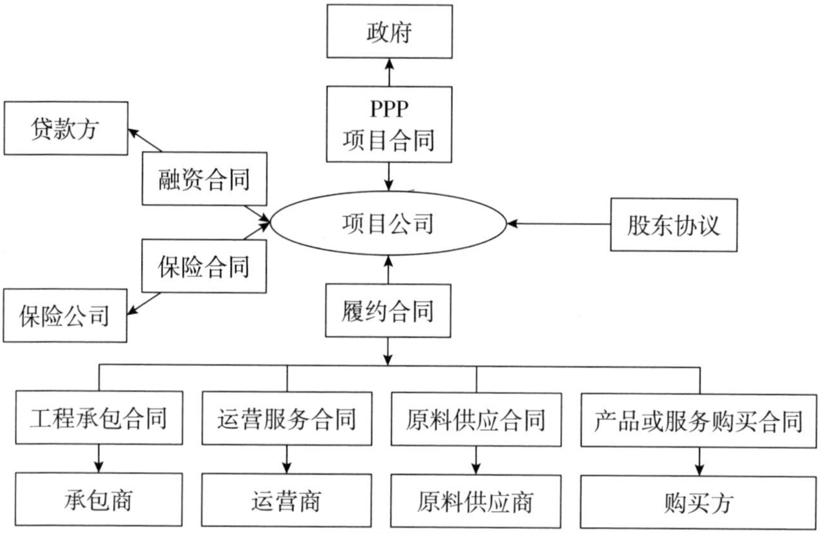

图 2-12　PPP 项目基本合同体系

资料来源：财政部印发的《PPP 项目合同指南（试行）》。

PPP 项目合同

PPP 项目合同是政府方与社会资本方依法就 PPP 项目合作所订立的合同。其目的是在政府方与社会资本方之间合理分配项目风险，明确双方权利义务关系，保障双方能够依据合同约定合理主张权利，妥善履行义务，确保项目全生命周期内的顺利实施。PPP 项目合同是其他合同产生的基础，也是整个 PPP 项目合同体系的核心。在项目初期阶段，项目公司尚未成立时，政府方会先与社会资本（即项目投资人）签订意向书、备忘录或者框架协议，以明确双方的合作意向，详细约定双方有关项目开发的关键权利义务。待项目公司成立后，由项目公司与政府方重新签署正式的 PPP 项目合同，或者签署关于承继上述协议的补充合同。在 PPP 项目合同中通常也会对 PPP 项目合同生效后政府方与项目公司及其母公司之前就该项目所达成的协议是否继续存续进行约定。

特许经营协议

目前 PPP 领域的法律尚未出台，涉及能源、交通运输、水利、环境保护、市政工程等基础设施和公用事业领域的项目，适用于《基础设施和公用事业特许经营管理办法》的，由于关系到特许经营权的授予，从项目顺利融资和正常运营等角度考虑，可能签订特许经营协议代替 PPP 项目合同。特许经营协议的主要内容包括：

（1）项目名称；

（2）项目实施机构；

（3）项目建设规模、投资总额、实施进度，以及提供公共产品或公共服务的标准等基本经济技术指标；

（4）投资回报、价格及其测算；

（5）可行性分析，即降低全生命周期成本和提高公共服务质量效率的分析估算等；

（6）特许经营协议框架草案及特许经营期限；

（7）特许经营者应当具备的条件及选择方式；

（8）政府承诺和保障；

（9）特许经营期限届满后资产处置方式；

（10）应当明确的其他事项。

社会资本组成各方（股东之间）的合同

即股东协议。股东协议由项目公司的股东签订，用以在股东之间建立长期的、有约束力的合约关系。股东协议通常包括以下主要条款：前提条件、项目公司的设立和融资、项目公司的经营范围、股东权利、履行PPP项目合同的股东承诺、股东的商业计划、股权转让、股东会、董事会、监事会组成及其职权范围、股息分配、违约、终止及终止后处理机制、不可抗力、适用法律和争议解决等。

项目投资人订立股东协议的主要目的在于设立项目公司，由项目公司负责项目的建设、运营和管理，因此项目公司的股东可能会包括希望参与项目建设、运营的承包商、原料供应商、运营商、融资方等主体。在某些情况下，为了更直接地参与项目的重大决策，掌握项目实施情况，政府也可能通过直接参股的方式成为项目公司的股东（但政府通常不控股，也不直接参与经营管理）。在这种情形下，政府与其他股东相同，享有作为股东的基本权益，同时也需履行股东的相关义务，并承担项目风险。

股东协议除了包括规定股东之间权利义务的一般条款外，还可能包括与项目实施相关的特殊规定。以承包商作为项目公司股东为例，承包商的双重身份可能会导致股东之间一定程度的利益冲突，为减少这类冲突，股东协议中会订立相关条款。例如，为防止承包商在工程承包事项上享有过多的控制权，其他股东可能会在股东协议中限制承包商在工程建设及索赔事项上的表决权；如果承包商参与项目的主要目的是承担项目的设计、施工等工作，而不是长期持股，承包商会希望在股东协议中预先做出股权转让的相关安排，但另一方面，如果融资方也是股东，通常会要求限制承包商转让其所持有的项目公司股权的权利，例如要求承包商至少要到工程缺陷责任期满后才可转让其所持有的项目公司股权。

各股东间的合同体系见图 2–13。

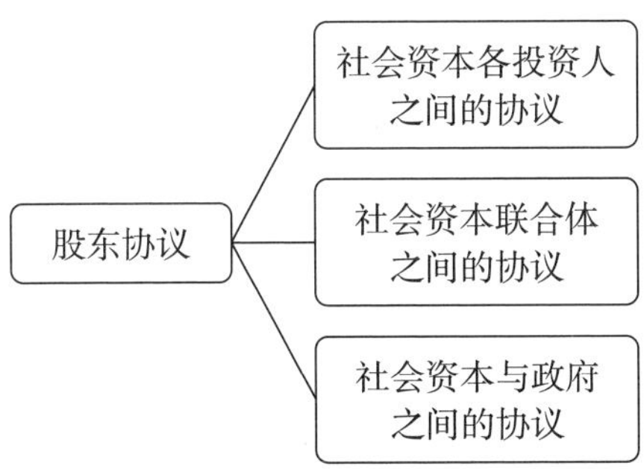

图 2–13　股东协议分类

项目公司与市场主体之间的合同

项目公司可能合作的市场主体包括建设单位、运营单位、上下游企业、金融机构、保险机构、专业服务机构等，相关合同体系如图 2–14 所示。

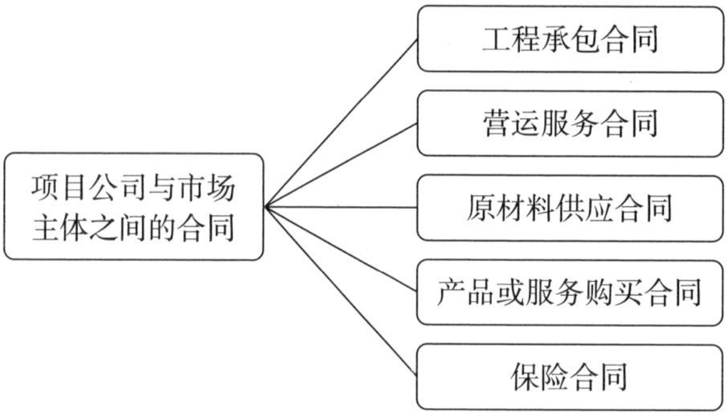

图 2-14　项目公司与市场主体之间的合同体系

工程承包合同

项目公司一般只作为融资主体和项目运营管理者而存在，本身不一定具备自行设计、采购、建设项目的条件，因此可能会将部分或全部设计、采购、建设工作委托给工程承包商，签订工程承包合同。项目公司可以与单一承包商签订总承包合同，也可以分别与不同承包商签订合同。承包商的选择要遵循相关法律法规的规定。

由于工程承包合同的履行情况往往直接影响 PPP 项目合同的履行，进而影响项目的贷款偿还和收益情况。因此，为了有效转移项目建设期间的风险，项目公司通常会与承包商签订一个固定价格、固定工期的“交钥匙”合同，将工程费用超支、工期延误、工程质量不合格等风险全部转移给承包商。此外，工程承包合同中通常还会包括履约担保和违约金条款，进一步约束承包商妥善履行合同义务。

运营服务合同

根据 PPP 项目运营内容和项目公司管理能力的不同，项目公司有时会考虑将项目全部或部分的运营和维护事务外包给有经验的专业运营商，并与其签订运营服务合同。实践中，运营维护事务的外包可能需要事先取得政府的同意。但是，PPP 项目合同中约定的项目公司的运营和维护义务并不会因项目公司将全部或部分运营维护事务分包给其他运营商实施而豁免或解除。

由于 PPP 项目的期限通常较长，在项目的运营维护过程中存在较大的管理风险，可能因项目公司或运营商管理不善而导致项目亏损。因此，项目公司应优先选择资信状况良好、管理经验丰富的运营商，并通过在运营服务合同中预先约定风险分配机制或者投保相关保险来转移风险，确保项目平稳运营并获得稳定收益。

原料供应合同

有些 PPP 项目在运营阶段对原料的需求量很大，原料成本在整个项目运营成本中占比较大，同时受价格波动、市场供给不足等影响，又无法保证能够随时在公开市场上以平稳价格获取，继而可能会影响整个项目的持续稳定运营，例如燃煤电厂项目中的煤炭。为了防控原料供应风险，项目公司通常会与原料的主要供应商签订长期原料供应合同，并且约定一个相对稳定的原料价格。

在原料供应合同中，一般会包括以下条款：交货地点和供货期限、供货要求和价格、质量标准和验收、结算和支付、合同双方的权利义务、违约责任、不可抗力、争议解决等。除上述一般性条款外，原料供应合同通常还会包括“照供不误”条款，即要求供应商以稳定的价格、稳定的质量品质为项目提供长期、稳定的原料。

产品或服务购买合同

在 PPP 项目中，项目公司的主要投资收益来源于项目提供的产品或服务的销售收入，因此，保证项目产品或服务有稳定的销售对象对于项目公司而言十分重要。根据 PPP 项目付费机制的不同，项目产品或服务的购买者可能是政府，也可能是最终使用者。以政府付费的供电项目为例，政府的电力主管部门或国有电力公司通常会事先与项目公司签订电力购买协议，约定双方的购电和供电义务。

此外，在一些产品购买合同中，还会包括“照付不议”条款，即项目公司与产品的购买者约定一个最低采购量，只要项目公司按照最低采购量供应产品，不论购买者是否需要采购该产品，均应按照最低采购量支付相应价款。

保险合同

PPP 项目往往资金规模大、生命周期长，负责项目实施的项目公司及其他相关参与方通常需要对项目融资、建设、运营等不同阶段的不同类型的风险分别进行投保。可能涉及的保险种类主要包括货物运输险、工程一切险、针对设计或其他专业服务的职业保障险、针对间接损失的保险、第三者责任险等。

PPP 项目融资贷款协议

PPP 项目融资贷款协议，主要包括项目公司与融资方签订的项目贷款合同、担保人就项目贷款与融资方签订的担保、抵押、质押合同以及政府与融资方和项目公司签订的融资人直接介入协议等多个合同（见图 2–15）。其中，项目贷款合同是最主要的融资合同。

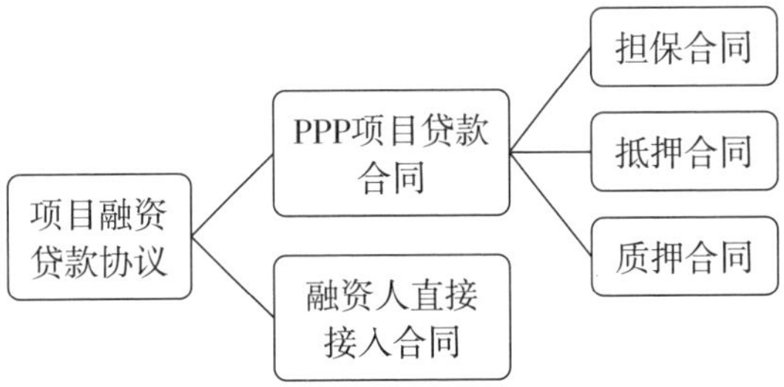

图 2–15　PPP 融资贷款协议的组成

项目贷款合同一般包括以下条款：陈述与保证、前提条件、偿还贷款、担保与保障、抵销、违约、适用法律与争议解决等。同时，出于贷款安全性的考虑，融资方往往要求项目公司以其财产或其他权益作为抵押或质押，或由其母公司提供某种形式的担保，或由政府做出某种承诺，这些融资保障措施通常会在担保合同、直接介入协议以及 PPP 项目合同中得到具体体现。

我们提供两个合同范本供大家参考，见章末的附录。

其他合同

在 PPP 项目中还可能会涉及其他的合同，例如与专业中介机构签订的投资、法律、技术、财务、税务等方面的咨询服务合同（见图 2–16）。

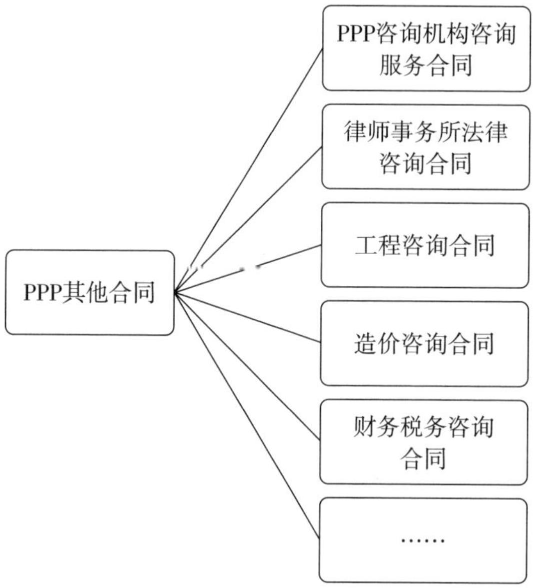

图 2–16　PPP 其他合同

股权投资机构直投 PPP 项目公司股权的几种模式

股权投资机构与社会资本方联合投标

此种模式为股权投资机构与社会资本方共同组建项目公司，各自按照 SPV 公司的股权比例落实资本金安排（见图 2–17）。投资机构通常自行设立私募股权投资基金，或利用信托计划作为通道进行投资。此种模式需要双方在招投标前，对于项目的风险有清晰的认识，对项目公司的财务管理、股权退出方式予以明确。一般而言，纯财务投资人往往关注项目的综合收益和提前退出安排。对于施工利润，需通过财务安排建立一套收益共享机制；对于提前退出安排，一般约定相应的期限，通过对赌、资产证券化等方式寻求退出。也有一些私募股权机构，由于背靠一定的政府平台或地方国企，虽然对退出的需求并不迫切，但是希望通过参股项目公司，来获得一定的分包工程。

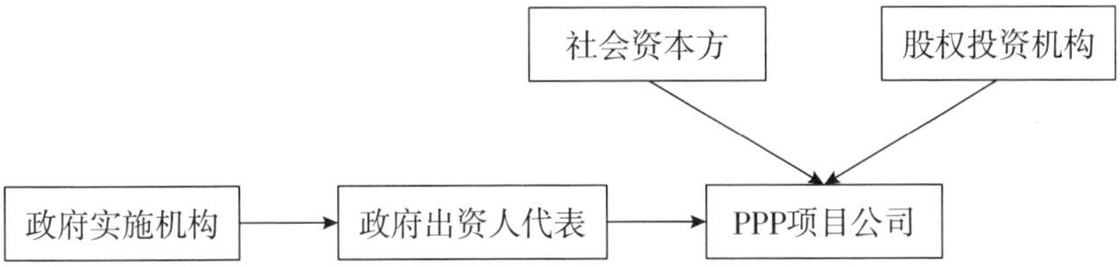

图 2-17　股权投资机构与社会资本方联合投标

股权投资机构投资 PPP 项目公司基金份额

此种模式常见于一些大型的社会资本方中。社会资本方集团公司有自身的基金管理公司，发起设立 PPP 项目基金（见图 2-18）。在大型的 PPP 项目招投标中，社会资本方母公司或其子公司联合自身的基金管理公司（以 PPP 项目基金为载体）一起投标。中标之后，市场上的其他金融机构通过认购其 PPP 项目基金的份额，对项目公司资本金出资。与第一种模式相比，此种模式在寻找股权投资机构以及基金份额转让方面都更加灵活，但一些股权投资机构若募集资金成立自身的基金，再投资于社会资本方的基金份额，会涉及“多层嵌套”的问题。

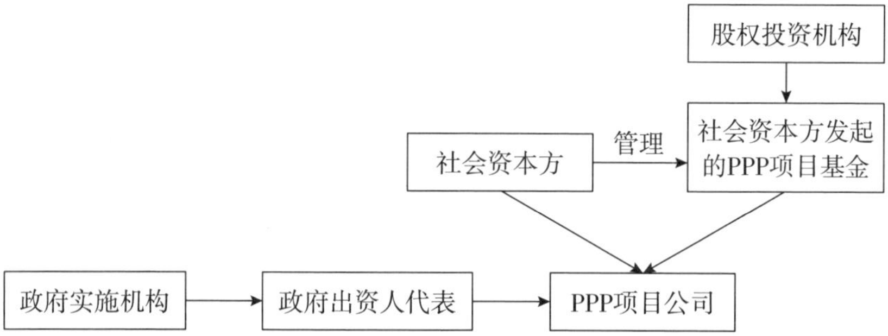

图 2-18 股权投资机构投资 PPP 项目公司基金份额

从调研结果看，目前两种模式下 PPP 股权融资落地的案例都比较少。一些金融机构对 PPP 项目本身风险的判断经验不足，使得在股权融资时更依赖于项目债权融资到位与否；也有一些股权投资机构虽然用表面真股权的模式去满足合规性要求，但是其思维模式和风险定价方式依然是“名股实债”。真实有效地解决 PPP 项目资本金的方式相对缺乏，有待于市场政策和各参与方的共同探索。

金融机构股权投资政策

银行股权投资

目前中国金融市场上，银行是最主要的资金方，但是《中华人民共和国商业银行法》第四十三条规定，“商业银行在中华人民共和国境内不得从事信托投资和证券经营业务，不得向非自用不动产投资或者向非银行金融机构和企业投资，但国家另有规定的除外”，此规定使得商业银行无法直接进行股权投资。

当前银行以表内资金进行股权投资存在非常大的障碍。银行理财资金（表外资金）是可以用于股权投资的，但总的来说，银行理财资金进行真股权投资的实践尚未全面开展。

保险资金

2010 年 8 月初，保监会下发《保险资金运用管理暂行办法》允许险资投资 PE。2015 年 9 月，保监会发布《中国保监会关于设立保险私募基金有关事项的通知》（保监会〔2015〕89 号），明确基金类别和投向，支持保险资金设立成长基金、并购基金、新兴战略产业基金等，用于支持国家重大基础设施、战略性新兴产业、养老健康医疗等领域。

在 PPP 方面，2016 年 8 月，修订后的《保险资金间接投资基础设施项目管理办法》明确保险资金可采取政府和社会资本合作模式，打开了保险资金参与 PPP 项目的政策空间。但是对于 PPP 项目提出了几点要求，即须为“收费定价机制透明、具有预期稳定现金流或者具有明确退出安排的项目”。

信托公司

银监会 2008 年印发《信托公司私人股权投资信托业务操作指引》

及2009年印发《中国银监会关于支持信托公司创新发展有关问题的通知》(银监发〔2009〕25号)后，信托资产和自有资金投资股权通道开启。信托公司以自有资金进行股权投资的方式受不超过上年末净资产20%的规模限制，且目前市场上只有不到30家信托公司获得了自有资金投资的批复，因此该种模式并不占主流。需要说明的是，在资管新规出台之后，信托公司利用信托资产进行股权投资时，需要遵守不得“期限错配”“多层嵌套”等规定，对于资金来源有较多的限制。如果采取通过银行理财资金到信托计划再到基金这种股权投资方式，由于嵌套层数与政策规定相违背，因此以此种模式投资PPP股权不可行。若是通过险资或者其他机构投资者募集资金，虽然从政策上并无障碍，但是面临资金价格、期限与PPP股权投资不完全匹配的尴尬境地。

财办金〔2017〕92号、国资发财管〔2017〕192号文件等一系列PPP监管政策的出台，对财政部PPP在库和新入库项目落实条件进行了约束，促使PPP投资市场逐渐回归理性。分析认为，一系列PPP监管政策的出台，从微观层面看，对市场最直接的影响是限制了PPP项目资本金“名股实债”的资本金安排方式。虽然政策的初衷是促使PPP各参与方理性投资，但是在实践中，轨道交通、城市管廊、园区开发等PPP项目单体投资额较大，动辄上百亿元，如果要求完全依托社会资本方自有资金，对于投资人而言，即便是资金实力雄厚的社会资本，能投的项目也极其有限。

金融机构参与 PPP 股权投资

金融机构是否可以作为合格的社会资本？国家政策没有明确规定，财政部《关于进一步加强政府和社会资本合作（PPP）示范项目规范管理的通知》（财金〔2018〕54 号）指出，“不得弱化或免除社会资本的投资建设运营责任，……不得约定将项目运营责任返包给政府方出资代表承担，或另行指定社会资本方以外的第三方承担”。可以说，对于社会资本建设运营能力的约束，从某种程度上限制了金融机构作为单一主体投资 PPP 的可行性。

财办金〔2017〕92 号、国资发财管〔2017〕192 号文件出台前的 PPP 股权融资方式

在财办金〔2017〕92 号、国资发财管〔2017〕192 号这两个文件出台之前，参与 PPP 资本金融资的主要资金来源是银行理财资金（虽然有基金公司、信托公司等参与 PPP 资本金融资，但是这些公司主要是作为通道参与其中，自有资金投资的比例很低），银行理财资金以结构化产品、基金投资等方式投到 PPP 项目中，这种融资模式就是“名股实债”。详见表 2–2。

表 2-2 财办金〔2017〕92 号文件出台之前金融机构参与 PPP 股权投资方式

参与模式	模式操作	模式特点
金融机构参与 PPP 资本金投资	通过信托 / 资管计划投资 PPP 基金，基金以母子基金方式投资 PPP 项目，或者直接投资 PPP 项目。	此种模式常见于政府 / 大型央企或者国企与银行联合成立的 PPP 引导基金，银行作为优先级 LP，由地方政府或者社会资本方对于参与份额进行固定回报和兜底。
	通过委托债权计划或者债权融资计划，为 PPP 社会资本方做授信，用于向 SPV 公司增资。	此种模式在原有棚改项目资本金融资过程中非常常见，同时，也在部分单个的 PPP 项目资本金融资中常用。
金融机构作为社会资本方参与 PPP 投标	金融机构作为合格的社会资本方参与，政府实施机构的 PPP 投标，中标之后按照 SPV 公司股权比例注入资本金。	此种模式在市场中虽有几个案例但不常见，一是金融机构作为单一社会资本方投标受政策限制，二是以联合体成员投标，在财办金〔2017〕92 号文件出台之前，金融机构就自身风险与收益的平衡有更好的选择。

财办金〔2017〕92 号文件出台之前金融机构直接投资 PPP 项目资本的模式

财办金〔2017〕92 号文件出台之前，金融机构以融资参与方投资 PPP 项目股权有两种模式：一是通过信托计划 / 资管计划投资于 PPP 项目基金的优先级，基金再以母基金 / 子基金的方式投资到具体的 PPP 项目中；二是理财资金通过委托债权融资计划的方式，发放贷款给 PPP 项目的社会资本方即母公司，然后母公司以增资 / 扩资的方式投入 SPV 公司中（见图 2-19）。

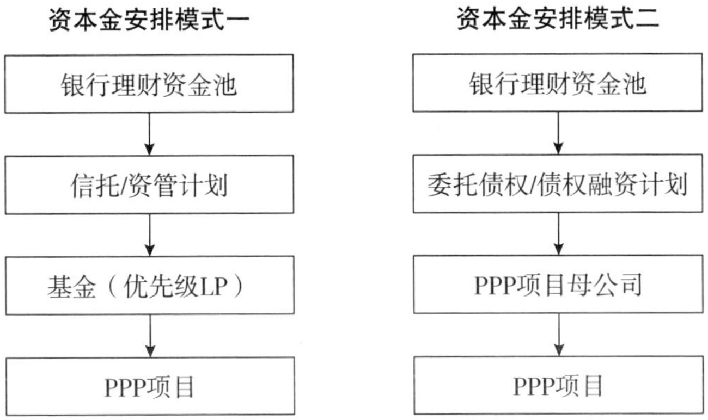

图 2-19　财办金［2017］92 号文件出台之前的 PPP 资本金安排模式

分析认为，当前 PPP 项目真股权投资方式在我国金融市场处于相对空白的状态，市场上除了中国 PPP 基金以外，金融机构对于 PPP 项目真股权的投资尚未打开畅通的通道。政策允许 PPP 专项债充当项目资本金，为 PPP 资本金融资打开了一扇窗户，但是从市场角度看，真正的回归资本金本身的融资渠道尚未开启。对于一些大型的 PPP 项目而言，完全依靠社会资本方自有资金满足资本金要求，从长期发展来看并不现实，保险资金、银行资金对于 PPP 项目而言都是低成本的融资资金，但是目前参与力度因受政策影响而十分有限。

国外一些金融机构经常作为股权投资方或与其他投资者组成联合体投标，以增强项目融资落地可行性，但在中国，目前市场上金融机构作为股权投资方还较为鲜见。

附录 2-1　PPP 项目固定资产借款合同范本

PPP 项目固定资产借款合同

（参考模板）

编号：

借款人（全称）：

营业执照号码：

法定代表人（主要负责人）：

住所（地址）：

邮政编码：

基本存款账户开户行及账号：

联系电话及传真：

贷款人（全称）：中国 × × 银行

法定代表人（主要负责人）：

住所（地址）：

邮政编码：

联系电话及传真：

根据国家有关法律、法规和规章的规定，借、贷双方在平等自愿、协商一致的基础上订立本合同，以约束双方共同信守。

第一条　借款种类

本合同项下的借款为：__________。

第二条　借款用途

本合同项下的借款用途为：＿＿＿＿＿＿＿＿＿＿＿＿＿＿＿＿。未经贷款人书面同意，借款人不得改变本合同约定的借款用途。

第三条　借款金额

本合同项下的借款金额为人民币（大写）＿＿＿＿＿＿＿＿（小写 RMB＿＿＿＿＿＿＿＿）。（大小写不一致时，以大写为准，下同）。

第四条　借款期限

本合同项下的借款期限为＿＿＿个月，自＿＿＿年＿＿月＿＿日起至＿＿＿年＿＿月＿＿日止。

本合同项下的借款期限起始日与借贷双方办理的借款凭证不一致时，以第一次提款时借款凭证上记载的日期为准。本合同项下借款凭证的借款期限到期日不得超过本合同约定的借款到期日。借款凭证是本合同的组成部分，与本合同具有同等法律效力。

第五条　借款利率、罚息利率和计息、结息

5.1　本合同项下的借款利率为年利率，利率为下列第＿＿项：

5.1.1　中国人民银行公布的（LPR）＿＿＿贷款利率，利率为＿＿＿%。

5.1.2　在中国人民银行公布的（LPR）＿＿＿＿贷款利率水平上＿＿＿（上浮/下浮）＿＿＿%，利率为＿＿＿%。

5.1.3　在中国人民银行公布的（LPR）＿＿＿贷款利率水平上＿＿＿（上调/下调）＿＿＿百分点，利率为＿＿＿%。

5.2　本合同项下的借款利率，遇中国人民银行贷款（LPR）利率调整，按照下列第＿＿＿项约定执行：

5.2.1　固定利率，在借款期限内，该利率保持不变。

5.2.2　随之调整，分段计息。

5.2.3　自实际提款之日起按______（月 / 季 /6 个月 / 年）调整，分段计息。按月调整时间为每月 21 日，按季调整时间为每季首月 21 日，按 6 个月调整时间为每年 1 月 21 日和 7 月 21 日，按年调整时间为每年 1 月 21 日。

5.3　本合同项下借款的罚息利率为年利率，包括：

5.3.1　逾期借款的罚息利率，为在本合同约定的借款利率水平上加收______%。

5.3.2　未按本合同约定用途使用借款的罚息利率，为在本合同约定的借款利率水平上加收______%。

5.4　本合同项下借款的罚息利率，遇中国人民银行（LPR）贷款利率调整，按照下列第______项约定执行：

5.4.1　不调整；

5.4.2　随之调整，分段计息。

5.5　借款人使用本合同项下的借款如同时出现逾期和未按本合同约定用途使用借款的情形，贷款人按二者中较高的罚息利率计收罚息。

5.6　计息和结息

5.6.1　本合同项下的借款自实际提款之日起按日计息，按实际用款天数和本合同约定的借款利率计收利息。

5.6.2　在本合同约定的借款期限内，对借款人不能按期支付的利息，________（计收 / 不计收）复利，计收复利的，按本合同约定的借款利率执行。

5.6.3　本合同项下的借款逾期或借款人未按本合同约定用途使用借款时，对借款人不能按期支付的利息按本合同约定的罚息利率计收复利。

5.6.4　本合同项下的借款按______（月 / 季）结息，结息日为每______（月 / 季末月）的 20 日。

5.6.5　本合同履行中，如遇中国人民银行（LPR）调整贷款利率、罚息利率规定并应当适用于本合同项下的借款时，贷款人有权依照中国人民银行的规定，按照调整后的贷款利率、罚息利率计算相应的利息、罚息，无须另行通知借款人。

第六条　提款

6.1　借款人提款时，应当满足下列前提条件，否则贷款人有权拒绝借款人的提款申请：

6.1.1　已按照有关法律、法规规定，办妥与本合同项下借款有关的批准、登记、交付及其他法定手续。

6.1.2　若本合同项下的借款有担保的，则本合同第九条 9.2 款约定的担保合同已依法生效。采取抵押担保或质押担保方式的，抵押权或质权已依法设立且已依法办理登记手续。

6.1.3　项目资本金为项目总投资的______%，其来源符合法律法规规定，并且已经先于借款______（全部 / 同比例）足额到位；项目实际投资超过原定投资金额，贷款人追加借款的，借款人配套追加的项目资本金已经先于借款________（全部 / 同比例）到位；项目实际进度与已投资额相匹配。

6.1.4　借款人应确保贷款人有权在放贷前审核借款人交易资料符合相关合同约定条件。

6.1.5　未发生预算超支或预算超支已自筹解决。

6.1.6　已按计划完成项目进度，且进度与已投资额相匹配。

6.1.7　贷款人要求就项目或抵押物 / 质押物办理保险的，以贷款人为第一顺位保险金请求权人的保险手续已按要求办理完毕。

6.1.8　未发生本合同约定的违约事项。

6.1.9　根据贷款人要求，已提交经贷款人认可并接受的以下材料：

6.1.9.1　项目实际进度与已投资额相匹配的资料，包括但不限于项目进度表及项目进度说明等；

6.1.9.2　项目资本金已按合同约定足额到位材料；

6.1.9.3　在受托支付项下，需固定资产项下购买（或施工等）合同；

6.1.9.4　在项目融资项下，需借款人、项目监理公司等中介机构和承包商等共同检查设备建造或项目完工进度，并出具的符合本合同约定条件的共同签证单；

6.1.9.5　____________________________________。

6.1.10　贷款人要求的其他提款条件：

6.1.10.1　____________________________________；

6.1.10.2　____________________________________。

6.2　借款人提款时间及方式：____________。

6.2.1　按下列时间分期提款：

6.2.1.1　_____年_____月____日，金额（大写）_____（小写 RMB_______）；

6.2.1.2　_____年_____月____日，金额（大写）_____（小写 RMB_______）；

6.2.1.3　_____年_____月____日，金额（大写）_____（小写 RMB_______）；

6.2.1.4　_____年_____月____日，金额（大写）_____（小写 RMB_______）；

6.2.1.5　_____年_____月____日，金额（大写）_____（小写 RMB_______）。

6.2.2　借款人根据项目进度，分期提出申请，经贷款人同意后提款，但借款人应于_____年____月____日前提清借款。

6.3　借款人应按上述提款计划提前____个工作日向贷款人提出提款书面申请，贷款人按照项目实施进度和项目实际施工结算凭证审核后同意办理提款申请。

6.4　借款人因特殊原因不能按照本条 6.2 款约定提款的，应当提前_____个工作日向贷款人提出书面申请，经贷款人书面同意后，可以提前或推迟____日提款。

6.5　借款人要求取消本合同全部或部分未提款项的，应当于本合同约定的提款日前__个工作日向贷款人提出书面申请，经贷款人书面同意后方可取消。

第七条　贷款资金的发放与支付

7.1　本合同项下当单笔提款数额超过人民币 500 万元或超过项目总投资额 5%

或存在下列情况的，采用贷款人受托支付方式，其余借款采取借款人自主支付方式。

7.1.1 ____；

7.1.2 ____。

7.2 本合同项下借款采用受托支付方式的，贷款人应根据约定的贷款用途，审核借款人提供的提款申请及支付委托中所列支付对象、支付金额等信息是否与相应的商务合同等证明材料相符。

7.3 本合同项下借款采用受托支付方式的，贷款人应根据借款人的提款申请和支付委托，将借款资金通过借款人账户支付给符合合同约定用途的借款人的交易对手。

7.3.1 支付对象和账户清单以借款人提款申请书和支付委托书为准，提款申请书和支付委托书作为本合同的附件。

7.3.2 上述提款申请和支付委托，一经提出，未经贷款人书面同意不可撤销。

7.4 本合同项下借款采用自主支付方式的，贷款人将借款划入指定的借款人账户，即视为贷款人已经按照本合同约定向借款人发放了借款。

7.5 借款人保证按照贷款人要求设立专门的贷款发放账户______和还款准备金账户________，接受贷款人的监管。

7.6 集团客户将贷款转入其异地子公司的资金使用情况需提供与贷款用途相符的支付依据。

7.7 对于存在资金支付代理的信贷业务，资金划拨行要与资金支付代理行签订资金支付监督协议。

7.8 借款人应按照贷款人要求每______个月汇总报告借款资金支付情况，接受贷款人采用账户分析、凭证检查、现场调查等方式对借款支付是否符合约定用途的检查。

7.9 贷款人经审核发现借款人提供的用途证明材料等相关资料有不一致或其他瑕疵的，有权要求借款人补充、替换、说明或重新提交资料，在借款人提交符合贷款人要求的资料前，贷款人有权拒绝相关款项的发放和支付。

7.10 在本合同履行过程中，出现借款人信用状况下降、不按合同约定支付贷款资金等情形时，贷款人有权变更贷款支付方式或停止贷款资金的发放和支付。

第八条 还款

8.1 借款人应当按本合同约定按期、足额支付利息。借款到期，利随本清。

8.2 借款人偿还借款本金的计划如下：

8.2.1 ______年____月____日，金额（大写）______（小写 RMB______）;

8.2.2 ______年____月____日，金额（大写）______（小写 RMB______）;

8.2.3 ______年____月____日，金额（大写）______（小写 RMB______）;

8.2.4 ______年____月____日，金额（大写）______（小写 RMB______）;

8.2.5 ______年____月____日，金额（大写）______（小写 RMB______）;

8.2.6 ______年____月____日，金额（大写）______（小写 RMB______）;

8.2.7 ______年____月____日，金额（大写）______（小写 RMB______）;

8.2.8 ______年____月____日，金额（大写）______（小写 RMB______）;

8.2.9 ______年____月____日，金额（大写）______（小写 RMB______）;

8.2.10 ______年____月____日，金额（大写）______（小写 RMB_____）。

8.3 借款人提前归还本金的，应当于拟提前还款日前______个工作日向贷款人提出书面申请，经贷款人书面同意后，可提前偿还部分或全部借款本金。如借款人提前归还部分本金的，贷款人有权按照还款计划的相反顺序划收还款。

8.4 借款人与贷款人约定账号为____________的账户为专门的项目收入账户。并保证本合同项下的固定资产投资项目或借款人的现金流进入账户的比例和账户内的资金平均存量应达到贷款人下列要求：

8.4.1 ______________________;

8.4.2 ______________________。

8.5 借款人应当于本合同约定的结息日或还本日前，在贷款人处开立的账户备足当期应付的利息或本息。贷款人有权于本合同约定的结息日次日或还本日从其账户上直接划收。

第九条 本合同项下的借款方式为下列第______项：

9.1 采取信用借款方式。

9.2 采取担保方式，担保合同另行签订：

9.2.1 ____________担保方式，担保合同编号为：_________________________；

9.2.2 ____________担保方式，担保合同编号为：_________________________；

9.2.3 ____________担保方式，担保合同编号为：_________________________；

9.2.4 ____________担保方式，担保合同编号为：_________________________。

第十条 借款人权利和义务

10.1 有权向贷款人了解有关信贷政策、利率政策等。

10.2 有权按本合同约定的期限、用途和提款方式提取、使用借款，保证所借款项不用于股权等投资，不以任何形式流入证券市场、期货市场或国家禁止生产、经营的领域和用途，以及法律、法规禁止或限制的其他用途。

10.3 在符合贷款人规定的条件下，可以向贷款人申请借款展期。

10.4 有权要求贷款人对其提供的有关债务、财务、生产、经营等方面的资料及情况保密，但法律、法规另有规定或本合同另有约定的除外。

10.5 保证贷款项目及借款事项符合法律、法规的要求。

10.6 保证向贷款人提供的所有文件及其他材料的真实性、准确性、完整性和有效性，不存在虚假记载、重大遗漏或误导性陈述。

10.7 按照贷款人要求每______个月向贷款人提供真实、完整、合法、有效的财务会计报表等相关文件、资料和信息，接受和配合贷款人对其生产经营、项目建设、物资库存、财务情况、借款使用情况的检查和监督。

10.8　保证本合同项下借款所建项目的资本金已按照本合同6.1.3条款的约定到位，且应先使用资本金。

10.9　按照贷款人要求，保证所有项目收入进入约定的专门收入账户，按照事先约定的条件和方式对外支付，并接受贷款人对该账户进行的监管。

10.10　保证在合同有效期内，遵守下列关于财务指标约束的规定：

10.10.1　借款人资产负债率不得高于______%；

10.10.2　借款人经营性现金流持续______年为负；

10.10.3　________________________________；

10.10.4　________________________________。

10.11　借款人信用等级不得低于________________。

10.12　借款人应当支持、配合贷款人参与借款所建项目的概算、预算、决算审查、工程招标和工程竣工验收等工作。

10.13　应当按本合同约定按期、足额还本付息。

10.14　在本合同有效期内，借款人发生名称、法定代表人（主要负责人）、住所、通信地址、联系电话、经营范围、隶属关系、公司章程修改、内部机构的重大调整等事项变更，应当自变更之日起15日内书面通知贷款人。

10.15　在本合同有效期内，借款人为他人债务提供保证或以其主要财产向第三人抵押、质押，应当提前30日书面通知贷款人并征得贷款人书面同意。

10.16　借款人与其控股股东及其他关联公司之间发生重大关联交易（包括但不限于重大关联购销合同、租赁、原料供应、资金往来等），或其关联方关系发生变更，或其控股股东及其他关联公司经营或财务方面出现严重危机，借款人应当于上述情况发生后3日内书面通知贷款人。

10.17　在本合同有效期内，借款人如采取承包、租赁、股份制改造、联营、分立、合并（兼并）、合资（合作）、减少注册资本、实质性增加债务融资、股权变动、资产转让或处分、对外投资或其他足以影响贷款人债权实现的行为，应当提前 30 日书面通知贷款人，征得贷款人书面同意并落实本合同项下借款债务的清偿责任，或提供经贷款人书面认可的其他合法有效的担保，否则在清偿本合同项下全部债务之前不得采取上述行为。

10.18 借款人生产经营出现严重困难、财务状况恶化、涉及重大经济纠纷或其他对其经营或财产状况产生重大不利后果的任何诉讼、仲裁或刑事、行政处罚等情形，或借款人控股股东、董事、现任高级管理人员涉及重大经济纠纷，或有重大不良记录，或上述人员出现异常变动、失踪或被司法机关依法调查或限制人身自由，或发生其财产的重要部分或全部被其他债权人占有、或被指定受托人、接收人或类似人员接管，或者其财产被扣押或冻结，或者被人民政府征收、征用，或发生影响借款人偿债能力的其他重大不利事项，可能使贷款人遭受严重损失的，借款人应当于上述情况发生后 3 日内书面通知贷款人，并按照贷款人的要求采取确保本合同项下借款本息及其他一切费用按期足额偿还的保全措施。

10.19 在本合同有效期内，借款人如发生停产、歇业、申请停业整顿、被注销登记、被吊销营业执照、被撤销、申请或被申请破产、解散等情形，借款人应当于上述情况发生后 3 日内书面通知贷款人，并保证按照贷款人的书面要求归还借款本息，或提供经贷款人书面认可的债权保全措施。

10.20 本合同项下借款采用担保方式的，如担保发生了不利于贷款人债权的变化，借款人应当按照贷款人的要求另行提供经贷款人书面认可的其他合法有效的担保。

10.21 借款人或借款人的关联企业及担保人或担保人的关联企业出现以下任何一种情况，均被视为借款人对借款合同同时违约，并根据本合同第十二条约定要求借款人承担违约责任：

10.21.1 任何借款、融资或债务出现或可能出现违约或被宣布提前到期；

10.21.2 任何担保或类似义务未履行，或存在未履行的可能性；

10.21.3 未履行或违反有关债务担保以及其他类似义务的法律文件或合同，或存在未履行或违反的可能性；

10.21.4 出现或即将出现无力清偿到期债务或到期借款 / 融资；

10.21.5 经法律程序被宣告破产；

10.21.6 将其资产或财产转让给其他债权人；

10.21.7 危及借款合同项下借款本息安全的其他情况。

10.22 在项目建设过程中，如遇特殊情况需要变更建设内容（调整建设规模、主要生产设备和工艺等），导致项目总投资调整超过 10% 以上的，应及时通知贷款人，贷款人有权对项目贷款做出相应调整。调减项目贷款的，借款人不得减少项目资本金；追加项目贷款的，借款人应按不低于调整前项目资本金比例追加项目资本金。

10.23 借款人应当承担与本合同及本合同项下担保有关的律师服务、保险、运输、评估、登记、保管、鉴定、公证等费用，但相关法律法规另有规定的除外。

第十一条 贷款人权利和义务

11.1 按照本合同约定按期、足额向借款人提供借款，但因借款人原因造成迟延的除外。

11.2 有权对借款人的借款使用、生产经营、财务活动、项目建设、物资库存情况进行检查和监督，有权要求借款人每______个月提供借款资金支付情况、财务会计报表等相关文件、资料和信息。

11.3 有权按照本合同约定，直接从借款人账户上划收借款人应当偿付的借款本金、利息、罚息、逾期利息、复利及借款人其他应付费用。

11.4 对借款人逃避贷款人监督、拖欠借款本息或其他严重违约行为，有权实行信贷制裁，有权向有关部门或单位通报，有权通过新闻媒体实行公告催收。

11.5 应当对借款人提供的有关债务、财务、生产、经营等方面的资料及情况保密，但法律、法规另有规定或本合同另有约定的除外。

11.6 在办理受托支付时，贷款人只对借款人提供的支付对象信息、借款用途证明材料等相关资料进行形式审查，因借款人提供的相关资料不真实、不准确、不完整导致贷款人未及时完成受托支付的，贷款人不承担任何责任。

11.7 在本合同有效期内，贷款人改变名称、住所、通信地址时，应当自变更之日起 15 日内书面通知借款人。

11.8 贷款人有权监督项目投资调整和建设内容变更，在项目建设过程中，如遇特殊情况需要变更建设内容（调整建设规模、主要生产设备和工艺等），导致项目总投资调整超过 10% 以上，致使总投资减少的，贷款人有权调减项目贷款，且借款人不得减少项目资本金；致使总投资增加的，借款人不能追加项目资本金的，贷款人有权不予追加项目贷款。

11.9 贷款人有权参与借款人大额融资、资产出售及兼并、分立、股份制改造、破产清算等影响债权人债权的活动。

11.10 贷款人有权根据银行行政监督管理部门强制性或指导性的规定或指引所加贷款人的义务，在通知借款人后采取相应的合理措施。

11.11 贷款人未行使或部分行使或迟延行使本合同项下的任何权利，不构成对该权利或其他权利的放弃或变更，也不影响其进一步行使该权利或其他权利。

第十二条 违约责任

12.1 本合同生效后，借、贷双方当事人均应当履行本合同约定的义务。任何一方不履行或不完全履行本合同约定的义务，应当依法承担违约责任。

12.2 借款人未经贷款人书面同意，未按本合同约定办理并提取借款的，应当按本合同约定的借款利率按违约金额和天数向贷款人支付迟延违约金。

12.3 在借款人履行本合同约定义务的前提下，贷款人未按本合同约定办理并提供借款的，应当按本合同约定的借款利率按违约金额和天数向借款人支付迟延违约金。

12.4　未经贷款人书面同意，借款人提前归还本合同项下借款的，应当按照本合同约定的借款利率按违约金额和天数向贷款人支付违约金。

12.5　借款人未按期归还借款的，贷款人有权限期清偿，有权直接从借款人在××银行任何机构处开立的任何账户上直接划收所欠贷款本息，同时对借款逾期部分自逾期之日起按罚息利率计收利息，并对不能按期支付的利息按罚息利率计收复利。

12.6　借款人未按本合同约定用途使用借款，或未按约定方式支用借款的，贷款人有权停止发放贷款、提前收回借款或者解除合同，并有权对借款人违约使用的借款，从违约之日起按罚息利率计收利息，并对不能按期支付的利息按罚息利率计收复利。

12.7　借款人有下列情形之一的，贷款人有权要求借款人追加担保、停止继续发放贷款或取消借款人尚未提取的借款、有权提前收回部分或全部借款；不能收回的，按逾期借款罚息利率按日计收违约金：

12.7.1　向贷款人提供虚假或者隐瞒重要事实的贷款审查材料，或提供虚假或者隐瞒重要事实的资产负债表、损益表和其他财务会计资料的；

12.7.2　未遵守承诺事项；

12.7.3　项目进度落后于资金使用进度；

12.7.4　违反合同约定，以化整为零方式规避贷款人受托支付；

12.7.5　违反本合同第七条 7.5 款约定；

12.7.6　违反本合同第七条 7.6 款约定；

12.7.7　违反本合同第八条 8.4 款约定；

12.7.8　违反本合同第十条 10.5 款约定；

12.7.9　违反本合同第十条10.6款约定；

12.7.10　违反本合同第十条10.7款约定；

12.7.11　违反本合同第十条10.8款约定；

12.7.12　违反本合同第十条10.9款约定；

12.7.13　突破本合同第十条10.10款约定的财务指标的约束；

12.7.14　违反本合同第十条10.11款约定；

12.7.15　违反本合同第十条10.12款约定；

12.7.16　违反本合同第十条10.13款约定；

12.7.17　违反本合同第十条10.14款约定，使贷款人债权实现受到严重影响或威胁的；

12.7.18　违反本合同第十条10.15款约定；

12.7.19　违反本合同第十条10.16款约定，影响贷款人债权安全的；

12.7.20　违反本合同第十条10.17款约定；

12.7.21　违反本合同第十条10.18款约定；

12.7.22　违反本合同第十条10.19款约定；

12.7.23　违反本合同第十条10.20款约定；

12.7.24　发生本合同第十条10.18款约定的重大交叉违约事项；

12.7.25　违反本合同第十条10.22款约定；

12.7.26　其他任何可能导致贷款人债权实现受到威胁或遭受严重损失的。

12.8　因借款人违约致使贷款人采取诉讼、仲裁等法律手段实现债权的，借款人应当承担贷款人为此支付的律师费、差旅费及其他实现债权的费用。

第十三条　合同的生效、变更和解除

13.1　本合同自借贷双方签字并加盖公章之日起生效。

13.2　借款人对不能按期归还的借款，需要办理展期的，应当于本合同约定的借款期限届满前____个工作日向贷款人提出书面展期申请，若借款有担保的，借款人应当同时提供担保人同意继续担保的书面意见或另行提供贷款人认可的其他合法有效的担保，经贷款人审查同意后，签订借款展期协议。

13.3 借款人有下列情形之一的，贷款人有权解除合同，有权要求借款人提前归还本合同下的借款本息，并赔偿因此给贷款人造成的全部损失：

13.3.1 违反本合同第十条 10.17 款约定，危及贷款人债权安全的；

13.3.2 违反本合同第十条 10.18 款约定，使贷款人债权实现受到严重影响或可能使贷款人遭受严重损失的；

13.3.3 违反本合同第十条 10.19 款约定，危及贷款人债权安全的；

13.3.4 违反本合同第十条 10.20 款约定，使贷款人债权实现受到严重影响或威胁的；

13.3.5 连续______（月 / 季）或累计______（月 / 季）未按本合同约定支付借款利息；

13.3.6 其他严重的违约行为。

13.4 本合同生效后，除本合同已有约定外，借、贷双方任何一方均不得擅自变更或解除本合同，如需变更或解除本合同，均应当书面通知对方，并经双方协商一致，达成书面协议。

13.5 本合同任何条款的无效或不可执行，不影响其他条款的有效性和可执行性，也不影响整个合同的效力。

第十四条 争议的解决

14.1 本合同履行中发生争议，可由借、贷双方协商解决；协商解决不成的，按下列第______项方式解决：

14.1.1 向贷款人所在地人民法院起诉。

14.1.2 提交________仲裁委员会（仲裁地点为__________），按照申请仲裁时该会现行有效的仲裁规则进行仲裁。

14.2 在诉讼或仲裁期间，本合同不涉及争议部分的条款仍须履行。

第十五条 双方约定的其他事项

15.1 ______________________________。

15.2 ______________________________。

15.3 ______________________________。

第十六条 附则

16.1 除本合同另有约定外，借款人、贷款人之间的任何文本、通知、法律文书均应当以书面形式作出，通过专人递送、预付邮资的挂号信（附回执）、特快专递或传真方式送至本合同首部所列明的各方地址。因一方变更前述通信地址而未及时通知对方，造成文本、通知、法律文书等文件无法送达的，由此造成的损失由变更方负责。

16.2 相关贷款批复作为本合同附件之一。

16.3 本合同附件是本合同不可分割的组成部分，与本合同正文具有同等法律效力。

16.4 贷款人有权依据有关法律法规的规定或金融监管机构的要求，将与本合同有关的信息和借款人其他相关信息提供给中国人民银行征信系统和其他依法设立的信用信息数据库，供具有适当资格的机构或个人查询和使用。贷款人也有权为本合同订立和履行之目的，通过中国人民银行征信系统和其他依法设立的信用信息数据库查询借款人的相关信息。

16.5 本合同履行中，如某个提款日、还款日为非法定工作日，则顺延至下一个法定工作日。

16.6 本合同一式______份，借款人______份、贷款人______份、__________、__________，均具有同等法律效力。

第十七条　特别提示

贷款人已提请借款人注意对本合同各条款的含义及其法律后果作全面、准确的理解，并应借款人的要求做了相应的条款说明。双方对本合同各条款的理解不存在异议。

借款人（公章）：	贷款人（公章）：
法定代表人（主要负责人）	法定代表人（主要负责人）
或授权代理人：____________	或授权代理人：____________
______年____月____日	______年____月____日

附录 2-2　PPP 融资直接介入协议范本

PPP 融资人直接介入协议

（参考模板）

编号：

甲方（融资人）：

营业执照号码：

法定代表人（主要负责人）：

住所（地址）：

邮政编码：

联系人：

联系电话及传真：

乙方（项目公司）：

营业执照号码：

法定代表人（主要负责人）：

住所（地址）：

邮政编码：

联系人：

联系电话及传真：

丙方（地方政府或地方政府指定的实施机构）：

法定代表人（主要负责人）：

住所（地址）：

邮政编码：

联系人：

联系电话及传真：

根据国家有关法律、法规和其他规范性法律文件的规定，甲、乙、丙三方在平等自愿、协商一致的基础上订立本协议，作为______项目（PPP）系列合同文本的一部分，以约束各方共同信守执行。

第一条　甲方介入的条件

出现PPP协议约定的乙方违约导致丙方可提前终止项目的情形时，甲方依据本协议拥有介入项目的权利。

前述乙方违约事件包括但不限于（注：可根据PPP协议调整修改）：

（1）乙方破产或资不抵债的；

（2）乙方未在约定时间内实现约定的建设进度或项目完工、或开始运营，且逾期超过一定期限的；

（3）乙方未按照规定的要求和标准提供产品或服务，情节严重或造成严重后果的；

（4）乙方违反 PPP 协议约定的股权变更限制的；

（5）未按合同约定为 PPP 项目或相关资产购买保险的。

第二条　甲方介入的方式

在甲方介入条件触发时，甲方有权先于丙方自行或委托第三方在项目提前终止前选取如下介入方式：

（1）任命指定代表实施补救计划；

（2）进行无流动性市场评测，并依据评测结果决定终止合同或重新选定适格的社会资本替代者签订新的 PPP 协议；

（3）甲方认为合适的其他方式。

第三条　甲方介入的流程

3.1　乙方违反 PPP 协议约定造成项目提前终止或者有终止威胁的情况下，如果丙方欲终止 PPP 协议，必须向甲方发出终止前通知和现存负债通知。其中，终止前通知应明确乙方违约的具体情况、丙方建议的终止日期等要素。

甲方有权在接到上述通知的______个工作日内决定是否介入项目。如果甲方决定介入，丙方不得提前终止 PPP 项目。

3.2　在甲方选择任命指定代表来实施补救计划的情况下，甲方有权自行或委托第三方对项目履行情况进行补救。

甲方或委托的第三方应当向丙方发出“任命指定代表通知”，该通知应明确其指定的代表方人选。此外，甲方需在一定期限内向丙方提供指定代表将要实施的补救计划。

补救计划实施后，由丙方和甲方一并对补救计划实施效果进行判断。在乙方违约行为得到了补救时，甲方退出项目介入，乙方继续执行合同；在补救计划无效时或者发生乙方在介入期内持续违约等不利情形，丙方可依照 PPP 协议约定和有关法律、法规及其他规范性文件的规定进一步行使其权利，并承担其应当履行的义务。

3.3　在甲方选择进行无流动性市场测评的情况下，甲方有权自行或委托第三方进行无流动性市场测评，并向丙方发出“无流动性市场通知”，阐明无流动性市场存在与否，丙方应在收到通知后作出是否同意无流动性市场存在的判断，并于______个工作日书面通知甲方。如果甲方、丙方均同意无流动性市场存在，且 PPP 协议将最终终止，乙方、丙方应协商制定对甲方融资的偿还方案，经甲方书面同意后，按照 PPP 协议约定采取适当方式进行项目终止后处理；如果双方均同意流动性市场存在，丙方应通过招标方式选择不低于原 PPP 协议要求资质条件的替代社会资本，该替代者通过与甲方、乙方、丙方签订新协议的方式承接原项目公司的权利和义务，使项目得以继续实施。

3.4　在甲方介入项目过程中，丙方和乙方在此承诺对甲方或其委托的第三方提供应有的便利和协助。

3.5　任何因甲方介入产生的额外费用均由乙方承担。如果甲方帮乙方先行垫付费用，乙方应在收到甲方发出的付费通知后______个工作日内，向甲方一次性全额支付甲方付费通知载明的额外费用。

第四条　术语解释

本协议中的“无流动性市场”是指通过资格预审的替代社会资本不充足（一般是少于______家）时，再行通过投标达成的价格将不能体现公平的市场价值。在这种情况下，与替代社会资本签订新的 PPP 协议恐怕将达不到补救项目的目的。乙方或其委托的第三方应当向政府方发出“无流动性市场通知”，阐述流动性市场的存在与否。丙方在收到该通知的一定期限内应做出是否同意无流动性市场存在的判断，并书面通知甲方。

第五条　争议的解决

5.1　本协议履行中发生争议，可由协议各方协商解决；协商解决不成的，按下列第　　项方式解决：

5.1.1　向甲方所在地人民法院起诉。

5.1.2　提交______仲裁委员会（仲裁地点为________），按照申请仲裁时该会现行有效的仲裁规则进行仲裁。

第六条　其他事项

6.1　本协议一式_____份，甲方执_____份，乙方执_____份，丙方执_____份。

6.2　本协议经各方法定代表人或授权代理人签字盖章后生效。协议执行期内，若确需对本协议未尽事宜进行任何修改和补充，应以书面形式做出并经各方法定代表人或授权代表人签字盖章后方为有效。修改或补充后内容将成为本协议不可分割的组成部分。

6.3　协议各方应履行保密义务，未经对方许可，不可向与本协议无关的其他方披露或不正当使用任何与本协议有关的内容。

6.4　本协议各方签订本协议已经过各自内部有权机构的审批同意，不违反任何对其有约束力的合同约定和其他文件规定，本协议各方有权签订和履行本协议。

6.5　未经甲方事先书面同意，乙方、丙方不得对PPP协议作出任何修订、变更和补充。

6.4　其他双方约定事项。

甲方（公章）：　　　　　　　　乙方（公章）：

法定代表人　（主要负责人）　　　　法定代表人（主要负责人）

或授权代理人：____________　　　　或授权代理人：____________

______年____月____日　　　　　　　　　　　　______年____月____日

丙方（公章）：

法定代表人（主要负责人）

或授权代理人：____________

______年____月____日

03

银行积极布局 PPP 市场

商业银行搭上 PPP 市场“快车”

PPP 在我国方兴未艾，政府在相当长的一段时间内将采用这一模式提供公共产品和服务。采用 PPP 模式开展投资、建设、运营一体化建设，实现公私合营既是一种重要手段也是必然趋势，这种趋势让商业银行搭上了 PPP 市场这趟“快车”。

商业银行创新设计 PPP 融资金融产品

从各国 PPP 项目发展实践看，持续的融资能力是 PPP 项目取得成功的关键，商业银行的传统信贷模式难以完全满足其全生命周期的资金需求，这就需要商业银行结合 PPP 项目特点，创新金融产品，提供涵盖 PPP 项目全生命周期的全方位综合金融服务。商业银行应通过股权、债权、投资基金以及引入保险资金等方式，拓宽融资渠道，完善退出机制，满足 PPP 项目不同阶段的差异化融资需求。

商业银行在 PPP 推广中的重要作用

作为 PPP 模式的重要参与者，商业银行承担着综合性的融资服务角色，对 PPP 项目具有重要的作用。

为 PPP 项目提供资金，促进 PPP 项目快速落地

PPP 模式的本质实际上就是资金问题，说到底就是“钱”的问题。围绕 PPP 所做的一系列工作，难点是资金：政府财政压力大、收支矛盾突出、融资渠道受限，以地方政府融资平台为主的传统模式转向以社会资本融资为主的 PPP 模式；社会资本虽然对 PPP 项目有着强烈的兴趣，但其自身也需要寻求金融机构的支持。在 PPP 受资金之困而落地率不高的当下，如果商业银行积极参与大力支持，必将增强政府、社会资本等对 PPP 模式的信心，促进 PPP 在我国的快速推广。

通过参与 PPP 项目的融资，提供项目的咨询、财务管理、兼并收购、项目开发等顾问服务

作为资金提供方的商业银行，其本身在项目和资金的风险防范方面具有丰富的经验和雄厚的实力。通过项目的融资，商业银行为项目提供包括债券、融资租赁以及保险等在内的全流程、多元化的融资服务咨询，还可以提高 PPP 项目的质量，为政府、社会资本避免风险，实际上最终的受益者也包括商业银行自己。

有助于政府部门筛选出优质的 PPP 项目

政府部门是 PPP 模式重要主体，商业银行积极与政府部门沟通，

将有助于对政府部门筛选出优质的PPP项目。

国家支持商业银行为社会资本"解渴"

目前，从国家层面已经开始着手银行业金融机构支持PPP项目的落地。

2015年8月，银监会、国家发展改革委联合下发《关于银行业支持重点领域重大工程建设的指导意见》（以下简称《指导意见》），要求银行信贷重点支持国家重大工程项目，通过实施银团贷款、联合授信等开展信贷创新；鼓励针对政府与社会资本合作（PPP）项目特点开展金融服务创新。《指导意见》旨在引导银行业金融机构以重点领域重大工程为核心，全面做好国家重大战略部署的金融服务工作。《指导意见》一方面是为了更好地引导信贷资金进入实体经济，另一方面是通过加强金融结构与项目的对接，减少信贷风险，提高信贷质量。

2015年上半年，中国人民银行广州分行发布《关于金融支持广东稳增长调结构的若干意见》（以下简称《意见》）。《意见》紧密结合广东的实际情况，围绕外贸、投资、消费、创新、经济薄弱环节等五个方面的金融需求，提出了金融业支持广东稳增长、调结构的23条具体措施。《意见》指出，运用差别存款准备金、再贷款等货币政策工具，引导金融机构加大对重点区域、重大项目的信贷支持；引导金融机构创新金融服务，向采用PPP模式建设的重大基础设施项目提供持续稳定的融资。

PPP：商业银行的新机遇

毋庸置疑，社会资本投资PPP项目需要商业银行的大力支持。从另一个角度讲，参与PPP对商业银行也是一个巨大的机遇，其中蕴藏着巨大的业务空间。作为PPP的重要参与者，商业银行承担着综合性的融资服务角色：一方面，为PPP项目提供资金支持，以解决社会资本投资PPP资金不足的问题；另一方面，参与PPP项目的设计、开发等环节，提供更多的顾问服务。可以说，商业银行对我国PPP模式的推广具有举足轻重的作用。

PPP为商业银行拓展综合金融服务提供了投资新途径

PPP项目大多是基础设施建设和公共服务项目，具有投资规模大、合作期限长的特点，同时也具有现金流较为稳定的特点。PPP项目为商业银行进一步拓展服务和提供产品提供了广阔的空间，商业银行可以充分发挥资源配置作用，通过基金、信托等方式引导信贷资金投向，在有效撬动社会资金进入PPP领域，从而大大推动PPP项目落地的同时，也实现了自己的收益。

PPP为商业银行提供了提升经营水平的契机

商业银行通过积极参与PPP，在扩大经营领域、提升经济效益的同时，还可以不断提高自身的金融创新水平，增强自身的风险防范能力。对商业银行而言，其本身也是市场竞争的主体，也面临着激烈的金融和资本市场竞争，需要提高自身的市场占有率，在市场竞争中发展壮大自己。因此，在各方社会资本、金融机构、实体企业纷纷抢占 PPP 市场的背景下，商业银行需要拓展业务范围，积极参与蓬勃发展的 PPP 新市场。

多家商业银行开始以各种形式介入 PPP 项目

从 PPP 模式发展趋势来看，未来社会资本的资金主体将多元化，不过由于目前我国金融体系不够完善、资本市场不够成熟，银行业金融机构仍是 PPP 模式推广过程中最重要的资金来源渠道。从另一个角度讲，随着我国大力推广 PPP 模式、国家不断健全和完善 PPP 政策以及 PPP 项目的不断落地并总结经验教训，PPP 市场越来越健康，越来越庞大。鉴于此，作为同样面对市场竞争、本身也是市场化公司管理体制的商业银行而言，在提高市场占有率、增加营收和业务转型的需求下，银行业金融机构也需要将业务触角伸向 PPP 市场，在万亿规模的 PPP 市场上分得一杯羹。

商业银行在防控自身信贷风险的同时，应积极参与到 PPP 的发展中。从商业银行自身担负的支持实体经济重任的角度讲，也应积极支持社会资本投资 PPP 项目，实现国家经济、社会资本、金融机构和社会公众的“多赢”。

目前，已经有多家商业银行以各种形式介入PPP项目。研究发现，近年来，国内多家银行提前布局、积极参与PPP项目，如高铁、水利、供水、污水处理、垃圾处理、智能立体停车库建设等均成为银行支持的热点领域。

2014年12月，河南省政府与建设银行、交通银行、浦发银行签署“河南省新型城镇化发展基金”战略合作协议，明确基金总规模将达到3000亿元，具体可细分为“建信豫资城镇化建设发展基金”、“交银豫资城镇化发展基金”和“浦银豫资城市运营发展基金”。首批25个募投项目已通过三家银行总行的审批，确定投放额度594亿元。

建行负责人表示，建行在PPP领域与各类社会资本和专业机构探索合作发展。围绕PPP模式，建行已开始系统地、有针对性地布局。据了解，建行选择以资管条线的产业基金业务为突破口，借鉴建行在各类基金业务领域多年的丰富经验，在PPP模式所涉及的各个方向进行战略性布局。

2014年年末，财政部网站公布了首批30个PPP示范项目名单，中信银行成为首家为财政部PPP模式示范项目提供融资的商业银行。中信银行一方面发挥渠道作用，积极对接各级财政部门业务需求，提供全面金融服务；另一方面联合集团内专业突出、实力雄厚的相关单位组成中信PPP模式联合体，在全国开展PPP模式工作，服务内容涵盖PPP项目的咨询、设计、融资，以及项目的实施、运营、维护等。通过发挥中信集团平台优势，打造中信PPP模式综合服务能力，为涵盖水务、轨道交通、新城开发、保障房建设、医疗等公共领域的PPP项目提供全周期综合服务。

2015年4月，中信银行郑州分行联合中信产业基金分别与郑州市污水净化有限公司、上海实业环境控股有限公司、MTI环境集团有限公司签署合作框架协议，同时中信银行郑州分行联合中信产业基金与郑州地产集团有限公司、中电建路桥集团有限公司、中铁十八局集团有限公司签署了合作框架协议。

2015年6月，经过与十余家银行的激烈角逐，邮储银行成功中标全国首个地方高铁PPP项目——济青高铁（潍坊段）征地和拆迁项目。该项目是全国首个按照财政部《政府和社会资本合作项目政府采购管理办法》规范运作的地方高铁PPP项目，计划投资规模40亿元、期限15年，邮储银行将以自营和理财资金联合投资。

2015年6月，民生银行以8.24%的最低年化收益率中标钓鱼嘴PPP整治项目。钓鱼嘴片区位于重庆市大渡口区东南部，三面临江，坐拥10.26公里长的江岸线，是重庆主城仅存的未开发的半岛。本次土地整治总用地面积约4110亩，片区内规划建设道路9条，总长约11.3公里。

2015年6月，安徽省担保集团与中国进出口银行合作参与PPP模式融资担保项目（创新业务固定资产类贷款）。该贷款企业为宿州市利和水处理有限公司，贷款金额8600万元，贷款期限12年。该PPP项目采取特许收费权方式，民营资本参股49%。

2018年12月，青海省水利厅与国家开发银行等六家银行签订重大水利项目投融资合作战略协议，青海省水投公司与国家开发银行、中国银行、建设银行、民生银行签订了贷款额度达33.8亿元的引大济湟西干渠、湟水北干渠扶贫灌溉二期工程PPP项目银团贷款合同。引大济湟西干渠、湟水北干渠扶贫灌溉二期工程是国务院确定的172项重大节水供水工程之一，总投资84.79亿元，其中中央财政补助37.2亿元，省内需筹措解决47.59亿元。省水投公司成功吸引社会资本4.6亿元，落实银行长期贷款33.8亿元，成为青海省第一个成功落地的省级水利PPP项目，也是青海省第一个吸引社会资本投资、第一个依法依规全面融资解决项目缺口资金、第一个市场化运营的省级重点水利项目，在破解水利建设资金投入主体单一、规模较小难题等方面起到了示范引领作用。

多家商业银行积极参与PPP项目，对PPP模式的主体政府和社会资本来说无疑是一个非常积极的信号，尤其对社会资本来说更是一针强心剂，可大大提升其参与PPP项目的信心。

商业银行参与 PPP 项目的方式

理论上说，商业银行参与 PPP 可以有多种方式和渠道，但《中华人民共和国商业银行法》第四十三条规定“商业银行在中华人民共和国境内不得从事信托投资和证券经营业务，不得向非自用不动产投资或者向非银行金融机构和企业投资，但国家另有规定的除外”，因此就目前来讲，商业银行参与 PPP 项目的主要方式是中长期固定资产贷款。根据目前相关规定，资管、变相融资、明股实债等方式参与 PPP 项目，都是违规的。通常商业银行参与 PPP 项目，主要有以下方式。

1. 项目贷款方式

在 PPP 项目从识别阶段到落地，SPV 公司成立并进入执行阶段后，商业银行在对 PPP 项目或实施主体的资信状况、现金流、增信措施等进行审核的基础上，根据项目全生命周期及 SPV 公司与政府签订的 PPP 合同，为项目公司提供中长期项目贷款服务。具体可以通过直接贷款、贸易融资、保理、福费廷、银团贷款等，发展供应链金融，提供增值服务。

2. 投行融资方式

商业银行可以依托强大的销售能力参与 PPP 项目公司中短融票据、PPN 等融资工具的承销发行。此外，商业银行还可以通过理财直接融资工具参与 PPP 项目融资，这既能达成资产负债表外融资的目的，又能开发具有一定流动性、可市场估值、信息披露更加透明的金融工具，降低非标债权投资比例，或者利用产业基金、信托、资产管理、租赁等渠道，以表内投资或表外理财资金对接 PPP 项目公司的融资需求。

3. 现金管理

由于 PPP 项目运营时间长、资金流量大，商业银行可以在现金管理方面充分介入，为客户提供全方位服务。例如针对日常运营资金的管理，可提供资金结算网络、现金管理、资金监管、代发工资等服务；为提高闲置资金收益，还可提供协议存款、企业定制理财产品等服务。

4. 夹层融资

夹层融资的风险和回报介于普通债务融资和股权融资之间，其融资结构可根据不同项目的融资需求进行调整。对于融资者而言，夹层融资具有期限长、结构灵活、限制少和成本低等优点；对于投资者而言，夹层融资能够兼顾项目的安全性和收益性。

5. 产业链金融方式

在 PPP 项目进入执行阶段后，商业银行可针对 PPP 项目具体情况，对 PPP 项目所涉及的上下游企业以及 PPP 项目公司提供涵盖全产业链、全生命周期的金融服务，包括存款、贷款、结算、资金监管、代发工资等。

6. 金融顾问方式

PPP 项目投资、融资、建设、运营时间长，交易结构复杂，资金流量大，商业银行可提供全过程的金融顾问服务，包括全生命周期资金的规划、融资方案的制定、融资渠道的对接、金融产品的设计等。

7. 资产证券化方式

在 PPP 项目的营运期和移交期，商业银行可以通过 PPP 项目资产证券化方式盘活 PPP 存量资产，实现 PPP 产品资本化运作。

PPP 项目各阶段资金来源及融资方式见表 3-1。

表 3-1　PPP 全生命周期资金来源及融资方式

阶　段		资金来源方式	资金来源渠道	资金性质
项目识别		自筹前期经费	投资人（或财政）	
项目准备		自筹前期经费	投资人（或财政）	
项目采购		招标投标参与费	投标人	
执行阶段	建设期	资本金 + 项目贷款	投资人、金融机构	权益性 + 债务
	营运期	流动资金贷款或融资	银行、证券	权益性 + 债务
移交阶段		PPP 资产交易融资	银行、证券	权益性 + 债务

商业银行参与 PPP 面临的挑战

PPP 2014 年才在我国真正开展，发展时间较短，尚未形成成熟的体制机制和业务模式。对于商业银行来讲，PPP 项目带来了发展机遇，但也存在政策、商业、法律等诸多风险，面临诸多不确定因素和挑战。

1. 法律不健全的风险与挑战

在推进 PPP 发展的文件中，最常被提及的一项重要工作就是尽快建立健全相关法律制度。近年来，虽然我国 PPP 相关政策不断完善，但仍以财政部出台的《关于印发政府和社会资本合作模式操作指南（试行）的通知》（财金〔2014〕113 号）、《PPP 项目合同指南（试行）》（财金〔2014〕156 号文件附件）等政策文件为主，法律层级偏低。由于缺少全局性、系统性法律规范，各级政府在适用政策时容易出现尺度不一的情况，这使得商业银行无法预估潜在的风险。

2. PPP 项目库中部分已入库项目不规范的风险与挑战

由于人们对 PPP 的认识比较模糊，前期被投资人“发烧式”追捧，以“运动式”推行，导致许多项目“泛化”“滥化”，在主观上或者客观上出现了偏差，偏离了 PPP 的初衷和核心要义，虽然经过两轮整改与清理，退库了 4000 余个不合规项目，但依然有部分 PPP 项目存在论证不实、虚假包装、测算不准确等风险。比如许多项目是纯公益性财政全付费项目，但通过虚假收益包装为缺口性财政补贴项目，导致财政承受能力论证不准确，增加了财政支付的风险。

3. 可能发生的合作方利益冲突带来的风险与挑战

由于 PPP 项目合作期限长，相关利益方较多，相关利益各方之间容易出现利益冲突，哪怕只有其中一方的利益问题没有解决好，都有可能给商业银行造成风险与挑战。

4. PPP 项目公司增信缺失

PPP 项目大部分属于 BOT 项目[1]。在项目建成之前，由于没有经过各项评价和验收，不能获得相关证书，因此无法实现抵押。而对于银行业金融机构而言，给 PPP 项目提供贷款自然需要融资主体（社会资本或 PPP 项目公司）的实力和信用作保证，但是刚刚成立的 PPP 项目公司没有实力和信用资质。在此情况下，银行需要找到其他增信主体，常见的增信主体为 PPP 项目公司的股东方或地方政府。然而要做到这一点很难，尤其是地方政府一般不会提供担保，传统的由地方政府融资平台主导的项目建设和运营方式转为 PPP 模式后，融资风险自然转移到社会资本。

事实上，财政部《关于印发政府和社会资本合作模式操作指南（试行）的通知》（财金〔2014〕113 号）已经明确了风险分配基本框架，即按照风险分配优化、风险收益对等和风险可控等原则，综合考虑政府风险管理能力、项目回报机制和市场风险管理能力等要素，在政府和社会资本间合理分配项目风险。原则上，项目设计、建造、财务和运营维护等商业风险由社会资本承担。

表 3-2 列出了 PPP 项目风险分配矩阵。

[1] BOT（Build-Operate-Transfer，即建设—经营—转让）是指政府就某个基础设施项目与社会资本签订特许经营权协议，授权社会资本承担该项目的设计、投资、融资、建设、运营和维护，在特许经营期限内社会资本向设施使用者收取适当费用，回收项目的投融资、建造和经营维护成本并获取合理回报，待特许经营期满后社会资本将该基础设施无偿移交给政府或政府指定的机构。

表 3–2　PPP 项目风险分配矩阵

风险因素		政府	社会资本	共同分担
设计			▲	
建设			▲	
融资			▲	
运营维护			▲	
市场需求				▲
不可抗力				▲
移交			▲	
法律变更	政府可控的	▲		
	政府不可控的			▲
系统性金融风险				▲

5. 资金错配

研究发现，资金错配是影响商业银行支持 PPP 项目的一个重要原因。PPP 项目大多涉及基础设施建设和公共服务领域，合作周期一般为 10~30 年。然而，商业银行的业务以中短期贷款为主，一般为 3~5 年。因此，针对 PPP 项目贷款，商业银行存在资金错配的难题。

6. 盈利挑战

参与 PPP 项目的社会资本主要有央企、地方国企、民企、外企以及混合所有制企业。PPP 实践中，商业银行合作方多为具有国资背景的大企业，由于这些企业信用等级相对较高，金融机构在 PPP 项目洽谈中的议价能力相对较弱。PPP 项目的公共属性又决定了项目回报率不高。这些因素决定了金融机构参与 PPP 将面临较大的盈利性挑战。

7. 商业银行参与 PPP 项目存在法律限制

从法律层面来讲，商业银行参与 PPP 项目存在障碍。

具体来说，现阶段我国商业银行参与 PPP 项目主要面临《中华人民共和国商业银行法》和《中华人民共和国银行业监督管理法》等法律及有关规定的限制，如《中华人民共和国商业银行法》第四十三条规定："商业银行在中华人民共和国境内不得从事信托投资和证券经营业务，不得向非自用不动产投资或者向非银行金融机构和企业投资，但国家另有规定的除外。"

金融资本是社会资本的融资对象，反过来，PPP 项目对金融资本来说是投资对象，包括股权投资和债权投资。但目前银行只能做债权投资，不能做真正的股权投资。

总的来说，商业银行参与 PPP 还面临诸多困难。要让金融机构助力 PPP 的发展，还需要对包括商业银行在内的金融行业进行创新和改革。

8. 商业银行风险控制措施尚待优化

商业银行参与 PPP 项目，应适应市场的需求，创新思维和模式，在针对不同类型主体、不同类型交易结构创新金融产品的同时，根据实际情况创新担保抵押方式，优化风险控制措施。

9. 创新服务思路，提供多元化、全流程的 PPP 金融服务

我们的建议包括：

一是创新金融工具，通过银行间债券市场发行 PPP 专项融资工具，如项目收益票据、生产支持票据、非公开定向债务融资工具（PPN）等金融创新工具以及银行承兑汇票、商业承兑汇票等衍生金融工具。

二是量身定制 PPP 项目的融资期限。根据 PPP 项目的全生命周期，确定 PPP 项目贷款的期限，创新固定资产贷款与流动资金贷款有机结合的金融产品。

三是市场化定价方式。赋予商业银行更大的灵活性，允许商业银行根据自身资金成本在贷款市场报价利率（LPR）的基础上推出浮动利率。

四是建立创新增信方式和风险识别机制。商业银行利用现代科技和网络手段，结合大数据的运用，形成多维度、操作性强的增信体系和风险识别机制。

政策性银行支持 PPP

在国家大力推广 PPP 的背景下，一边是亟待资金解渴的社会资本，一边是高度谨慎的银行。对政策性银行而言，如何抓住潜在的万亿市场机会？这是一个现实的课题。

国家支持政策性银行参与 PPP

随着城投债逐渐退出历史舞台，PPP 模式给银行、信托、基金、债券投资等业务发展带来了深远影响。

在国家的大力推广下，作为 PPP 的重要参与者，包括开发性金融机构在内的国内多家银行积极助力 PPP 模式。开发性金融是政府部门和社会资本合作的重要成果，经过多年的孵化和市场化运作，运用法人建设、金融建设、现金流建设等方法，已在城市基础设施、基础产业、基础创新、保障性住房、三农等领域，成为政府与市场之间的重要纽带。根据安排，国家开发银行定位为开发性金融机构，中国进出口银行和中国农业发展银行定位为政策性银行。三家银行的业务主体是自主决策的自营性业务或者开发性业务，政策性银行的自营业务须分账管理。

2015 年 3 月，《国家发展改革委 国家开发银行关于推进开发性金融支持政府和社会资本合作有关工作的通知》（发改投资〔2015〕445 号）出台，对发挥开发性金融积极作用、推进 PPP 项目顺利实施等工作提出具体要求。该通知指出，国家开发银行要充分发挥中长期融资优势，积极提供融资顾问及"投资、贷款、债券、租赁、证券"等综合金融服务，并联合其他银行、保险公司等金融机构，以银团贷款、委托贷款等方式，努力拓宽 PPP 项目融资渠道。该通知明确，国家开发银行在监管政策允许范围内，给予 PPP 项目差异化信贷政策：一是加强信贷规模的统筹调配，优先保障 PPP 项目的融资需求；二是对符合条件的

PPP 项目，贷款期限最长可达 30 年，贷款利率可适当优惠；三是建立绿色通道，加快 PPP 项目贷款审批；四是贯彻《国务院关于创新重点领域投融资机制鼓励社会投资的指导意见》（国发〔2014〕60 号）关于“支持开展排污权、收费权、集体林权、特许经营权、购买服务协议预期收益、集体土地承包经营权质押贷款等担保创新类贷款业务”的要求，积极创新 PPP 项目的信贷服务。

据了解，我国政策性银行对国家重点扶持的基础设施项目，如对水利、污水处理、棚改等项目给予长期优惠利率贷款等特殊信贷支持，这种贷款对项目回报率的要求也较低。国家开发银行 2014 年和 2015 年上半年对棚改项目提供的贷款就超过了 7000 亿元，这类性质的贷款正是 PPP 项目需要的。

政策性银行参与 PPP

那么，政策性银行参与 PPP 有哪些优势，又该如何操作呢？

政策性银行因其贷款周期长、利润低而受到社会资本的青睐。政策性银行参与 PPP 项目的优势明显，一是资金规模大，二是期限长，三是利润优惠。分析指出，政策性银行参与 PPP 项目，可以发挥中长期融资优势，为项目提供投资、贷款、债券、租赁、证券等综合金融服务，并联合其他银行、保险公司等金融机构采取银团贷款、委托贷款等方式，拓宽 PPP 项目的融资渠道。此外，政策性银行还可以提供规划咨询、融资顾问、财务顾问等服务，提前介入并主动帮助各地做好建设项目策划、融资方案设计、融资风险控制、社会资本引荐等工作，提高PPP项目的运作效率。例如2014年11月，国家开发银行全资子公司国——开金融与南京雨花台区政府签署铁心桥-西善桥“两桥”地区城市更新改造暨中国（南京）软件谷南园建设发展投资合作协议，参与南京旧城成片更新改造。国开金融及其控股的上市公司——中国新城镇发展有限公司，以现金出资形式直接入股，成立注册资本金为10亿元的南京国开雨花城市更新发展有限公司，国开金融及中国新城镇发展有限公司将向国开雨花选派成熟的专业运作团队参与公司运作。政策性银行可以释放关于国家鼓励的PPP项目方向、合作模式的信号，成为国家宏观调控的一种手段，但是与其他金融企业相比，政策性银行的参与市场化程度较低。

为有效提高银行支持PPP项目资金的积极性，除上述国家发展改革委联合国家开发银行发布文件提出由国家开发银行对PPP项目提供利率优惠、最长可达30年贷款期限等方面的差异化信贷政策外，2015年8月，银监会、国家发展改革委联合印发《关于银行业支持重点领域重大工程建设的指导意见》（银监发〔2015〕43号），要求银行信贷重点支持国家重大工程项目，通过实施银团贷款、联合授信等开展信贷创新；鼓励针对政府与社会资本合作（PPP）项目特点开展金融服务创新。银监会相关负责人指出，重大工程项目往往公益性较强，经济性较差，出于成本考虑，商业银行对这类项目提供支持的积极性不高。因此，监管部门需要对银行业支持重点领域重大工程提出有针对性的要求，引导银行业发挥重要作用。

银行对 PPP 项目风控关注点

与发达国家相比，我国金融市场不成熟，尤其是直接融资的渠道并不完善。目前，PPP 项目社会资本的融资方式主要是向银行业金融机构贷款。银行在参与PPP项目时，有严格的风险控制措施，主要关注点包括：

1. PPP 项目的合规性

银行对 PPP 项目合规性的前期审核主要集中在四个方面：一是项目是否纳入 PPP 项目综合信息管理库（业内俗称“省库”“国库”）；二是项目是否通过实施方案、物有所值评价和财政承受能力论证（业内俗称“两评一案”）；三是 PPP 合同的合规性，如果 PPP 项目的回报机制为“使用者付费 + 可行性缺口补贴”，那么 PPP 合同中必须明确政府每年将可用性付费和运维绩效付费逐年纳入地方政府财政预算管理；四是政府付费的总金额能否覆盖银行借款本息。

2. PPP 项目资料的完整性

通常情况下，银行在对 PPP 项目提供资金时，会在授信资料收集和放款前提中要求项目立项、环评、土地等各项行政许可要件齐全、合法、有效，并取得开工建设所需全部批复文件。

3. 资金封闭运作

银行为了对 PPP 项目财务运作过程进行监督，确保专款专用，及时掌握项目经营情况，通常会要求项目公司签署资金监管协议，在银行开立监管账户，并要求资本金的投入和支出均须通过该监管账户，且须向政府报备该账户为政府付费的收款户，即政府未来付费至该账户。监管账户的变更须经银行同意。

4. 项目增信措施

在 PPP 项目建成之前，没有经过各项评价和验收，不能获得相关证书，因此无法实现抵押。对于银行业金融机构而言，给 PPP 项目提供贷款自然需要融资主体（社会资本或 PPP 项目公司）的实力和信用作保证。通常的做法是，将 PPP 项目的未来收益权（应收账款收益权）质押给银行，并通过中国人民银行征信中心的应收账款质押登记系统进行质押和公示。实践中，社会资本或 PPP 项目公司往往以项目未来收益权作质押与金融机构贷款方签订质押合同。

5. 政府层级和项目类型

银行在选择 PPP 项目时，既关注项目的类型（能源、交通、市政、生态建设和环境保护、文化、医疗、养老等），也关注项目所在地政府的财力和债务状况。

实践中，不同的银行对地方财政指标有不同的要求。当然，部分银行对于一些收益率较高、风险较低的 PPP 项目（例如供水、污水处理、垃圾处理等）和区域（例如江苏、浙江、福建等地）会进一步放宽对政府公共预算收入的要求。此外，在项目收益来源方面，政府付费类项目风险较小，通常是银行的首选项目；在项目类型方面，民生类项目完工风险较小且还款来源更有保障，例如学校、医院、养老院、安置房等，很受银行的青睐。

6. 政府信用风险

政府信用既是社会资本方的重要关注点，也是金融机构的重要关注点。花费巨大的人力物力、历经多轮谈判签订的 PPP 项目合同能否得到严格遵守，政府承诺能否及时完全兑现等，都是银行业金融机构的主要顾虑。此前我国的一些 PPP 项目案例之所以会失败，很多就是由于政府违背承诺而导致，社会资本和银行业金融机构的利益因此受损。

需要指出的是，为加快当地基础设施建设，尽早引进社会资本促成项目合作，部分地方政府往往在项目合作前期对社会资本做出脱离实际的承诺，而在合作期内兑现程度不足，这直接危害社会资本的利益，银行业金融机构的利益也得不到保障。如在国内某供水项目中，政府与合作方签订的 PPP 合同约定，政府承诺自来水公司在水厂投产的第一年每日购水量不少于 6 万立方米，但当年该市自来水日消耗量仅为 2 万立方米，合同难以履行。此外，政府换届风险也是银行业金融机构重点考虑的因素。PPP 项目周期长，最长达 30 年，部分地方政府换届后，“新官不买旧账”，这些非银行所能控制的风险，都是让银行十分慎重的原因。

7. 纳入预算和出具人大决议

PPP 项目建设完成进入运营期后，部分“使用者付费 + 可行性缺口补贴”项目或政府完全付费须由项目政府按 PPP 合同约定支付可用性付费和运维绩效付费。实践中，社会资本和金融机构通常要求政府将付费部分纳入预算并出具人大决议，以保障自身的利益。实施主体需要在运营期前为该 PPP 项目编制预算，并提交财政局出具预算报告。一旦预算报告经人大表决通过，政府付费的风险将大大降低。

以某县供水 PPP 项目为例，随着县域经济的不断发展和人民群众生活水平的不断提高，该县工业用水量和居民生活用水量逐渐加大。目前，该县供水水源主要依赖浅层地下水，但前景堪忧：一方面，由于近年来降雨量减少，上游没有调蓄工程对径流进行有效调节，枯水期地下水得不到补充，可利用水量日益下降；另一方面，该县水资源在县域地理位置分配上的不平衡，导致用水量较大地区因水资源短缺而经济发展受限。加上该县工矿企业较发达，在水资源短缺的情况下，企业用水与人饮用水形成尖锐矛盾，水生态环境遭受严重破坏。为缓解该县因水资源分布不均及饮用水紧张、企业用水无保证、水生态环境急剧恶化的局面，2015 年，县人民政府与某环境工程公司就该县引水、自来水迁建和河道治理工程签订特许经营协议，项目规模达 10 亿元。其中，协议约定，当以下先决条件满足时，双方开始履行本协议项下义务：一是融资交付完成；二是甲方付款条件获得人大决议通过；三是依法清产核资、产权界定、资产评估、产权登记，并依适用法律获所在地人民政府相关部门批准；四是已经取得依法应当取得的其他批准文件。

国际国内多家银行向PPP项目发放贷款

2014年以来，随着中国PPP项目的日趋成熟与规范，项目从发起识别、准备到入库，再通过市场化竞争形式由政府与社会资本方达成合作，许多PPP项目获得了国际国内多家银行的资金支持。

从国际情况看，世行、亚行、亚投行等多家银行关注中国PPP项目并安排投资贷款。2018年4月，世界银行发布2018年度《政府和社会资本合作（PPP）基础设施采购报告》，分析了全球PPP政策法规和实践的发展趋势，对全球135个经济体从PPP项目准备、项目采购、合同管理和社会资本发起项目等四方面进行了打分，我国得分处于全球中上水平。在国家发展改革委的推动下，世界银行拟安排4.5亿美元支持中国PPP项目。

亚洲开发银行对25个发展中经济体的研究显示，每年4570亿美元的基础设施投资中有2040亿美元的资金缺口需要私人部门投资。从2013年到2016年，亚行共批准含PPP因素的257笔贷款和技术援助项目。亚行认为，中国拥有最多已融资到位的PPP项目。通过吸引更多私营企业参与，中国仍有扩大PPP规模的空间。

从国内政策性银行看，国家开发银行、中国农业发展银行及进出口银行均出台了关于PPP项目贷款相关办法，支持规范PPP项目的固定资产贷款。

国家开发银行

2015年，国家开发银行与国家发展改革委联合印发《国家发展改革委 国家开发银行关于推进开发性金融支持政府和社会资本合作有关工作的通知》（发改投资〔2015〕445号），支持PPP项目融资，将PPP项目贷款期限定为最长30年。详见章末的附录。

为加强PPP项目合规性，降低风险，国家开发银行提出了关于PPP项目开发评审的相关建议——2019年分行评审指导意见，对社会资本方的界定、资本金合规、风险缓释、信用结构、财政支出责任比例和入库项目合规性审查等六方面提出了指导意见。

1. 社会资本方

民营企业、外资企业、非本级政府所属的国有企业、本级政府所属的非融资平台公司、主要股东非本级融资平台的企业，可作为合格社会资本方。禁止本级政府所属的各类融资平台公司、融资平台公司参股并能对其经营活动构成实质性影响的国有企业作为社会资本参与本级PPP项目。

融资平台的界定主要参照以下四方面：

（1）是否纳入银监会融资平台名单；

（2）收入结构中是否有较大比例（大于 50%）的政府补贴收入；

（3）资产负债表中是否有体现政府融资行为的负债；

（4）省审计厅专项审计中是否有被认定为政府隐性债务的项目（第 3、第 4 项需要同级政府或财政部门对企业出具证明）。结合上述特征，综合审慎判断，实质重于形式。

社会资本方的变更及退出需要经过有权部分批准，合法合规完成各项变更手续，确保不出现建成风险。

2. 资本金来源

需为非债务资金，遵循穿透原则，在此基础上拓宽来源。其中基金、保险资金等以权益性资金作为资本金需满足以下几点要求：非固定回报、非保底收益、投资期限至少与项目保持一致、投资收益源于项目内部收益等。

3. 风险缓释

对于使用者付费易出现较大波动、可行性缺口补助计算未考虑覆盖项目运营成本（包含还本付息）的项目，需要项目公司股东出具《流动性支持函》，避免使用者付费不足导致还款来源减少带来的信贷风险。

4. 信用结构

政府方或政府方出资代表不得为项目融资提供各种形式的担保、还款承诺，对于项目所在地政府负债较高、引入财务投资人的 PPP 项目，除了应收账款质押担保以外，需增加项目公司股东担保，或者协调政府出资方以外其他国企进行担保。

5. 财政支出责任占比

关注财政支出责任占比 5%、7%、10% 三条红线：财政支出责任占比超过 5% 的地区，不得新上政府付费项目；对财政支出责任占比超过 7% 的地区进行风险提示；对超过 10% 的地区严禁新项目入库。新签约项目不得从政府性基金预算、国有资本经营预算中安排 PPP 项目运营补贴支出。

6. 入库项目合规性

PPP 项目应按规定纳入全国 PPP 综合信息平台项目库，但不得以入库作为项目合规“背书”，随着“能进能出”的动态调整机制的实行，某一时点在库内并不代表项目合规。建议评审报告内容中增加“PPP 项目合规性分析”，对照《财政部关于推进政府和社会资本合作规范发展的实施意见》（财金〔2019〕10 号）中对于“规范的 PPP 项目”的描述，逐一分析项目合规性。

中国农业发展银行

作为中国唯一涉农的政策性银行，中国农业发展银行对涉及农业农村农民的、合规的 PPP 项目也给予长期固定资产贷款支持。中国农业发展银行在其信贷政策中明确规定：“采用 PPP 模式的，贷款期限不得超过借款人与政府签订的PPP合同约定的期限，原则上最长不超过20年”；“对于采用政府和社会资本合作（PPP）的贷款项目，还款来源为政府付费的，综合偿债备付率原则上不低于1；还款来源为可行性缺口补助的，综合偿债备付率原则上不低于1.1；还款来源为使用者付费的，综合偿债备付率原则上不低于1.2”。

此外，中国农业发展银行于2019年7月印发《关于积极支持TOT模式基础设施项目的通知》（农发银行函〔2019〕129号），积极支持PPP项目中的TOT模式。详见章末的附录。

国内商业银行

我国商业银行（主要包括6家大型国有商业银行、12家全国性股份制商业银行和许多地方性商业银行）均不同程度发放PPP项目贷款。

目前全国没有一个关于PPP项目一共获得了多少贷款的统计，但我们从PPP项目开工的数据中可以推算出大致的贷款数额。

从2014年到2019年10月31日，财政部PPP项目管理库项目9249个，总投资额14.1万亿元；累计落地项目6039个，总投资额9.2万亿元；累计开工项目3559个，总投资额5.3万亿元。开工项目占管理库项目总数的38.48%，总投资额的37.59%。总投资额5.3万亿元中，假设项目资金来源全到位，资本金的25%为社会资本方自筹权益性资金，则PPP项目获得的各家银行贷款总额估计有3.5万亿~4万亿元。

PPP 项目融资实操

项目公司向银行贷款提交资料

目前金融机构为 PPP 项目融资属于债权融资模式。实践中，为 PPP 项目融资的大多数金融机构为商业银行。项目公司在申请商业银行贷款时，需要向银行提交包括但不限于以下几项资料：

A 借款机构背景资料

（a）借款申请书（原件）；

（b）申请借款的有权机构（董事会、股东会等）决议（原件）；

（c）有权机构成员名单及签字样本（原件）；

（d）经年审的营业执照（注册登记证明）正副本，现在是五证合一证照；

（e）公司章程；

（f）注册验资报告；

（g）基本结算账户开户许可证；

（h）机构信用代码证；

（i）法定代表人证明书（原件）；

（j）法定代表人：身份证、签字样本（原件）、履历；

（k）财务负责人：身份证、签字样本（原件）、履历；

（l）贷款卡复印件（附卡号、查询密码）及查询授权书（原件）；

（m）股东或法人个人征信查询授权书；

（n）借款申请人的基本资料（电子文档）：

B 业务背景资料

（a）合同履行证明（设计合同、施工合同、监理合同等）；

（b）付款凭证（自有资金投入证明、付款凭证的复印件）；

（c）增值税发票；

（d）项目基本情况及项目现状；

C 项目授信业务背景资料（申报项目贷款时提供）

（a）客户自筹和其他建设资金筹措方案及其资金来源已落实的证明材料；

（b）政府及相关部门批文；

（c）城市规划部门关于城市规划的批准文件；

（d）国土资源管理部门关于项目用地的批准文件（土地出让合同及缴纳土地出让金依据）；

（e）建设环境保护方案及环保部门审批通过的批复文件；

D 项目建设的有关证件

（a）国有土地使用权证；

（b）建设用地规划许可证；

（c）可行性研究报告（电子文档）；

E 项目其他背景资料

如项目可行性研究报告批复文件等。

政府承诺函

政府承诺函对于金融机构来说就像是一剂兜底神药，使得金融机构敢于向相关融资主体提供资金。但在现有监管政策下，金融机构尤其是商业银行在为 PPP 项目融资时不能向地方政府索要其为融资主体融资而出具的承诺函，该事项为《关于进一步规范地方政府举债融资行为的通知》（财预〔2017〕50 号）所禁止，2016、2017 年的地方政府撤函事件在 PPP 行业引起了较大的反响。

政府承诺函又称安慰函，是指政府或其职能部门向金融机构出具的承诺文件。政府承诺函又可细分为担保性质承诺函和非担保性质承诺函。详见图 3-1。

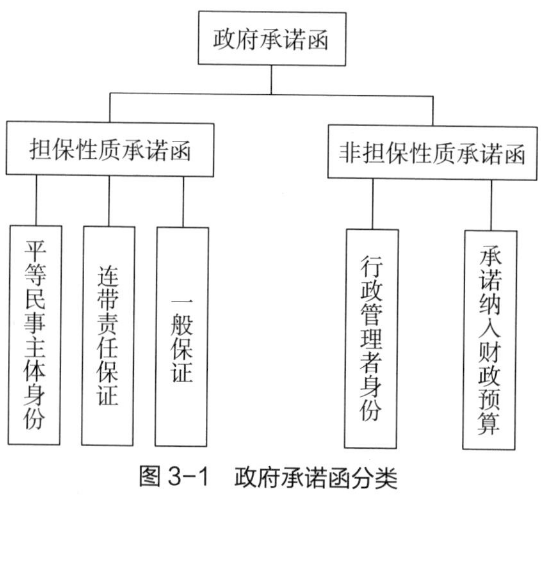

图 3-1 政府承诺函分类

担保性质承诺函

在承诺函中，政府明确担保责任。政府明确若融资主体不予偿还到期债务时，由政府作为保证人承担还款责任，这实际上是担保法中的保证。《中华人民共和国担保法》第六条规定，“本法所称保证，是指保证人和债权人约定，当债务人不履行债务时，保证人按照约定履行债务或者承担责任的行为”。

非担保性质承诺函

虽然政府或其职能部门向金融机构出具了承诺函，但其内容不足以明确在债务人逾期不偿还融资款项时，政府承担保证责任的，则为非担保性质承诺函。

承诺函的法律效力

政府及其职能部门以民事主体身份出具承诺函，按照《中华人民共和国预算法》规定，预算的批准、调整、决算、预算执行情况的报告及报表由地方各级人民代表大会、人大常委会批准。因此政府及其职能部门承诺“纳入预算”，违反预算法规定，属于无效行为。

政府及其职能部门以行政管理者身份出具承诺函，因政府及其职能部门无纳入预算的批准权，同样违反预算法之规定，属于无效行为。

政府及其所属部门能否出具担保性质承诺函

《中华人民共和国预算法》第三十五条第四款规定，除法律另有规定外，地方政府及其所属部门不得为任何单位和个人的债务以任何方式提供担保。《中华人民共和国担保法》第八条规定，国家机关不得作为保证人提供担保。《中华人民共和国合同法》第五十二条第（五）项规定，违反法律、行政法规的强制性规定的，合同无效。

法律后果

国家机关为保证人时，违反效力性强制性规定的担保合同当然无效，但无效不等于不承担责任，符合担保法司法解释第三条、第七条、第八条规定的，国家机关承担相应的民事清偿责任。

附录 3-1　相关政策文件

国家发展改革委 国家开发银行
关于推进开发性金融支持政府和社会资本合作有关工作的通知

（发改投资〔2015〕445 号）

各省、自治区、直辖市、计划单列市及新疆生产建设兵团发展改革委，国家开发银行各分行：

为落实国务院领导关于切实保障重点投入、运用融资机制放大效应的批示精神，根据《国务院关于创新重点领域投融资机制鼓励社会投资的指导意见》（国发〔2014〕60 号）以及《国家发展改革委关于开展政府和社会资本合作的指导意见》（发改投资〔2014〕2724 号）等文件要求，现就推进开发性金融支持政府和社会资本合作（PPP）有关工作通知如下：

一、各省（区、市）发展改革部门要高度重视推进PPP工作，认真做好PPP项目的统筹规划、综合协调及跟踪指导；要进一步完善配套政策、破除行业垄断，积极营造良好合作环境；要加强PPP项目库建设，坚持按月调度分析，加快项目实施进度。

二、各省（区、市）发展改革部门要加强协调，积极引入外资企业、民营企业、中央企业、地方国企等各类市场主体，灵活运用基金投资、银行贷款、发行债券等各类金融工具，推进建立多元化、可持续的PPP项目资金保障机制。

三、各省（区、市）发展改革部门要加强与开发银行等金融机构的沟通合作，及时共享PPP项目信息及调度情况，协调解决项目融资、建设中存在的问题和困难。要会同有关部门加快项目审批核准等前期工作，协调落实建设条件，为融资工作顺利推进创造条件。

四、开发银行充分发挥开发性金融的中长期融资优势及引领导向作用，积极为各地的PPP项目建设提供“投资、贷款、债券、租赁、证券”等综合金融服务，并联合其他银行、保险公司等金融机构以银团贷款、委托贷款等方式，努力拓宽PPP项目的融资渠道。

五、开发银行积极提供规划咨询、融资顾问、财务顾问等服务，提前介入并主动帮助各地做好建设项目策划、融资方案设计、融资风险控制、社会资本引荐等工作，切实提高PPP项目的运作效率。

六、开发银行加强信贷规模的统筹调配，优先保障PPP项目的融资需求。在监管政策允许范围内，给予PPP项目差异化信贷政策，对符合条件的项目，贷款期限最长可达30年，贷款利率可适当优惠。建立绿色通道，加快PPP项目贷款审批。

七、开发银行认真贯彻国发〔2014〕60号文件关于“探索创新信贷服务”的要求，不断创新和完善PPP项目贷款风险管理体系，通过排污权、收费权、特许经营权、购买服务协议项下权益质押等方式，建立灵活有效的信用结构，切实防范贷款风险。

八、各省（区、市）发展改革部门、开发银行各分行要加强沟通，密切合作，协力推进PPP项目顺利实施。要及时将各地PPP项目的进展情况、存在问题以及有关建议分别报送至国家发展改革委及开发银行总行。

国家发展改革委

国家开发银行

2015年3月10日

关于积极支持TOT模式基础设施项目的通知

（农发银办函〔2019〕129号）

各省、自治区、直辖市分行：

为积极贯彻党中央、国务院指示精神，充分发挥政策性金融服务乡村振兴、脱贫攻坚和长江大保护等国家重大战略的职能作用有效推进我行信贷业务创新转型发展，各行要积极支持移交——运营——移交（TOT）模式贷款项目，经总行行领导同意，现将有关要求通知如下：

近年来，农发行以习近平新时代中国特色社会主义思想为指导，不断提高政治站位，立足政策性银行职责定位，把握发展机遇，通过政府和社会资本合作（PPP）和公司自营等模式不断加大基础设施领域“补短板”支持力度，坚持合规经营和风险防控，有力地推进了基础设施信贷业务创新转型和高质量发展。TOT模式作为PPP项目中的一种重要模式，有利于整合社会资源、盘活政府存量资产。农发行积极探索支持TOT模式项目，不仅能够帮助地方政府减轻财政负担，深化政策性银行与地方政府的合作关系，同时也能为我行带来较好的社会效益和经济效益。

今年是基础设施贷款业务转型发展的关键节点，各行要有攻坚克难踏新路的决心和信心，立足我行在基础设施领域的专业优势，秉承以客户为中心的业务发展理念，发挥主观能动性，主动对接、营销、培育优质客户、优质项目，大力支持预期效益良好、收益来源可靠、运作模式合规、风险基本可控的优质TOT模式项目，实现业务高质量可持续发展。总行近期总结了TOT模式的三个典型案例，各行要深入学习研究，充分借鉴兄弟分行的优秀经验、优秀做法，举一反三，在合法、合规的前提下，全力开拓业务蓝海。

附件：1. 辽宁省锦州自来水存量资产 PPP 项目案例

2. 辽宁省丹东新区厂房 PPP 项目案例

3. 安徽省亳州市省道 307 亳州段一级公路 PPP 项目案例

中国农业发展银行办公室

2019 年 7 月 9 日

04

PPP 基金模式

常见的 PPP 基金模式

PPP 项目中资金不足是卧在社会资本面前的拦路虎。因此如何撬动广大社会资本参与到 PPP 项目中，成为决策部门重点考虑的一个问题。

PPP 产业基金可以解决各类社会资本投资 PPP 项目的资金不足问题，降低社会资本的融资风险，从而提高社会资本投资 PPP 的积极性。具体来说，一方面，在产业基金的参与下，社会资本可以适当减少出资规模，降低投资风险；另一方面，有产业基金的入股，政府部门也成为 PPP 项目的股东之一，需要尽到股东之义务，因此可以加大政府对 PPP 项目的监管力度，重视 PPP 项目全生命周期的各类风险，这对 PPP 项目的建设、运营和维护都大有裨益；再一方面，PPP 产业基金是社会资本参与 PPP 项目的一个增信手段，有中央级、省级引导基金的参与，社会资本对投资 PPP 项目会更有信心，投资力度也将更大，各类 PPP 项目也会更快落地。

国家出台一系列 PPP 产业基金支持政策

通过金融创新，建立 PPP 产业基金，是推动我国 PPP 发展和 PPP 项目快速落地的重要手段之一。

中央层面曾明确倡导设立中央级的引导示范性 PPP 股权投资基金，以改变社会资本参与 PPP 的模式。

2015 年 4 月，国务院发布《基础设施和公用事业特许经营管理办法》，允许对特许经营项目开展预期收益质押贷款，鼓励以设立产业基金等形式入股提供项目资本金，支持项目公司成立私募基金，通过发行项目收益票据、资产支持票据、企业债、公司债等拓宽融资渠道；2015 年 5 月，国务院办公厅转发《财政部 发展改革委 人民银行关于在公共服务领域推广政府和社会资本合作模式指导意见的通知》(国办发〔2015〕42 号)，明确中央财政出资引导设立中国政府和社会资本合作融资支持基金，作为社会资本方参与项目，提高项目融资的可获得性。鼓励地方政府在承担有限损失的前提下，与具有投资管理经验的金融机构共同发起设立基金，并通过引入结构化设计，吸引更多社会资本参与；2015 年 12 月，财政部印发《关于财政资金注资政府投资基金支持产业发展的指导意见》(财建〔2015〕1062 号)，规范设立运作支持产业的政府投资基金，财政资金注资设立政府投资基金支持产业，要坚持市场化运作、专业化管理，以实现基金良性运营。基金的设立和运作，应当遵守契约精神，依法依规推进，促进政策目标实现。

具体来说，PPP 产业投资基金的模式主要有三种：一种是由省级政府出资成立引导基金，再以此吸引银行、基金、信托等金融机构资金合作成立产业基金母基金。各地申报的项目经过金融机构审核后，母基金做优先级，地方财政做劣后级承担主要风险；二是由金融机构联合地方国企发起成立的有限合伙基金，一般由金融机构做 LP 优先级，地方国企或平台公司做 LP 的次级，金融机构指定的股权投资管理人做 GP，这种模式下整个融资结构以金融机构为主导；三是由有建设运营能力的实业资本发起成立产业投资基金，在与政府达成框架协议后，通过联合银行等金融机构成立有限合伙基金对接 PPP 项目。

金融机构以基金形式介入 PPP 项目

在社会基础设施建设项目和公用事业项目由传统的以政府为主导的模式转向 PPP 模式后，金融机构也面临业务转型的问题。事实上，银行业金融机构对 PPP 模式蕴藏的巨大商机也有浓厚的兴趣，意欲在这个大市场分得“一杯羹”，有的银行甚至开始系统地、有针对性地布局 PPP 大市场，而其介入的方式之一便是采取基金形式。

从另一个角度看，银行业金融机构，特别是在基础设施和公共服务领域拥有广泛的客户优势和丰富经验的大型商业银行，对 PPP 模式中蕴藏的巨大发展机遇非常重视。

以建行为例，2014 年 12 月，河南省政府与建设银行、交通银行、浦发银行签署“河南省新型城镇化发展基金”战略合作协议，总规模将达到3000亿元，具体可细分为“建信豫资城镇化建设发展基金”、“交银豫资城镇化发展基金”和“浦银豫资城市运营发展基金”。首批25个募投项目已通过三家银行总行的审批，确定投放额度594亿元。围绕PPP模式，建行开始系统地、有针对性地布局。据了解，建行选择以资管条线的产业基金业务为突破口，借鉴建行在各类基金业务领域多年的丰富经验，在PPP模式所涉及的各个方向进行战略性布局。

通过以上多种方式，建行创新金融工具，在打造多个PPP基金的同时，还形成了各基金的良性互动，为我国PPP的发展提供了重要的动力。

除建行外，开发性、政策性金融机构也将基金的“触角”伸向PPP领域。媒体报道称，国家开发银行作为开发性金融机构，尝试“基金+PPP”模式，政府与银行合作设立基金，并通过银行表外理财让社会资本介入，银团贷款后续跟进投放到融资项目中。

中央和地方纷纷推出PPP产业基金

研究发现，为促进我国PPP项目的快速落地，解决社会资本资金不足问题，近两年，我国从中央到地方先后推出规模不等的PPP产业基金。以中国政府和社会资本合作融资支持基金（中国PPP基金）为例，该基金是经国务院批准，由财政部与全国社会保障基金理事会、中国建设银行股份有限公司、中国邮政储蓄银行股份有限公司、中国农业银行股份有限公司、中国银行股份有限公司、中国光大集团股份公司、交通银行股份有限公司、中国工商银行股份有限公司、中国中信集团有限公司、中国人寿保险（集团）公司共同发起设立的。基金为公司制，由中国政企合作投资基金股份有限公司（母基金）和中国政企合作投资基金管理有限责任公司（母基金管理公司）共同完成融资支持工作。2016 年 3 月，中国政企合作投资基金股份有限公司正式成立，注册资本为 1800 亿元。2016 年 7 月，中国政企合作投资基金管理有限责任公司正式成立，标志着中国 PPP 基金工作重点全面转入 PPP 项目投资。

2018 年 11 月，福建首个存量资产 PPP 项目落地平潭。该项目总投资 20.44 亿元，创新性地采用了存量资产 PPP 模式，由平潭综合实验区将已经建成的地下综合管廊和道路基础设施移交中标社会资本运营，并授予特许经营权，借助中标社会资本专业能力提高地方政府公共产品的运营效率。该项目由福建省政府和社会资本合作引导基金、中国政府和社会资本合作融资支持基金以及平潭城投集团管廊公司联合中标，是福建省首次引入中央资金进入福建省 PPP 市场，也成为中国 PPP 基金在全国的第一个存量资产 PPP 项目。

自 2014 年以来，我国多地成立 PPP 产业基金，有的省（直辖区、直辖市）产业基金规模高达上千亿元。详见表 4–1。

表 4-1　各地政府设立的支持 PPP 的基金（部分）

序号	时　间	地　区	内　　容
1	2014 年 8 月	重庆市	重庆市设立产业引导股权投资基金，将以 45.5 亿元撬动各类社会资本共约 155.5 亿元，对工业、科技、现代服务业等六大领域进行股权投资
2	2014 年 12 月	河南省	河南省政府与建设银行、交通银行、浦发银行签署“河南省新型城镇化发展基金”战略合作协议，总规模将达到 3000 亿元
3	2015 年 6 月	江苏省	江苏省财政厅发起设立“江苏省 PPP 融资支持基金”，基金规模 100 亿元，每 20 亿元为一个子基金。基金出资人分为两部分，一是财政出资人，即省财政厅和部分市、县财政局；二是其他出资人，即若干家银行机构，保险、信托资金和其他社会资本
4	2015 年 6 月	河南省	河南省首次公布总规模为 50 亿元的《河南省 PPP 开发性基金设立方案》。根据方案，这项基金旨在撬动更大规模的社会资本参与到基础设施和公共服务设施领域项目建设中，并促使数万亿元的社会资本 PPP 项目资金落地
5	2015 年 7 月	贵州省	贵州省成立了首家 PPP 专业产业基金投资管理公司——贵州 PPP 产业基金投资管理公司，该公司由贵州省投融资管理有限公司和苏交科集团股份有限公司联合发起，计划首期募集基金 20 亿元，资金投向贵州省基础设施领域的政府与社会资本合作项目
6	2015 年 8 月	山东省	山东省设立 PPP 发展基金，2015—2017 年引导基金出资 80 亿元，吸引银行、信托以及专业投资机构等金融和社会资本出资 1120 亿元，参股设立 12 只子基金，总规模 1200 亿元

续表

序号	时 间	地 区	内 容
7	2015年9月	四川省	四川省财政厅印发《PPP投资引导基金管理办法》，PPP投资引导基金由财政出资10亿元发起，对社会资本的撬动比预计达1∶5左右
8	2015年9月	云南省	云南省印发了《云南省政府和社会资本合作融资支持基金设立方案》，拟设立规模在50亿元以上的基金
9	2015年10月	新疆维吾尔自治区	新疆设立第一批自治区PPP政府引导资金，基金由自治区与相关金融机构按1∶9比例建立。自治区财政出资100亿元，招商银行和浦发银行各出资450亿元，基金规模1000亿元
10	2015年11月	山西省	山西省财政厅与北京首创集团、兴业银行共同发起设立“山西省改善城市人居环境PPP投资引导基金”，撬动社会资本投入到城市基础设施建设和运营中。山西省财政和北京首创集团各出资2亿元，兴业银行3倍配比出资12亿元，设立16亿元的母基金。在此基础上，先期选择有成熟的符合城市人居环境PPP项目的市县，设立子基金。子基金由当地财政出资发起，吸收基金管理机构和社会资本出资，银行按3倍配比出资构成，可带动投资规模850亿元以上
11	2016年2月	河北省	河北省成立全国第一个区域性基金——PPP京津冀协同发展基金，基金总规模初步拟定为100亿元，在三年内分批落实到位，其中，河北省财政出资10亿元作为引导基金，银行机构、保险、信托资金以及其他社会资本出资90亿元

PPP 基金结构设计

从国外成熟经验看，PPP 基金有助于解决基建项目融资缺口巨大的难题。

设立 PPP 基金最大的意义在于解决 PPP 项目的融资困境，真正从资金上为推动 PPP 模式创造良好条件，从而实现政府、社会资本、金融机构三方的共赢。

那么，PPP 基金方案究竟应该怎样设计，才能更好地促进 PPP 项目的落地呢？研究认为，在各类基金积极支持 PPP 模式的当下，PPP 基金的结构设计显得尤为重要。

PPP 基金的特点

PPP 基金是指专门投资 PPP 项目有关企业的产业投资基金。它本质上是一种私募基金，通过非公开方式向合格投资者募集，可有效突破直接股权投资的限制。目前已出现多种形式的 PPP 基金，金融机构通过产业基金进入 PPP 项目资本渐成主流。PPP 基金的资金来源主要是银行、信托、保险等机构资金和合格投资者。在资金成本方面，PPP 基金金融机构资金作为优先级，收益视具体项目而定。从资金期限看，PPP 基金存续期一般不超过 10 年，部分可通过滚动续期，实现全周期参与。

总的来说，PPP 基金的优点主要有：一是杠杆效应，撬动资金。

PPP 产业基金杠杆通常为 5 倍（1∶4）或 10 倍（1∶9），可有效缓解地方财政支出压力。二是结构化设计，降低融资成本，实现风险和收益匹配，可有效降低 PPP 项目的融资成本。三是滚动续期，期限错配。PPP 基金优先级主要对接的是银行等金融机构资金，具有得天独厚的资金池优势，可通过滚动续期实现期限错配；四是融资增信，破解难题。现有的 PPP 基金大多有政府参与，认购劣后级，通过引入政府信用，可为项目融资增信。

不过，PPP 基金也有其缺点，主要是银行、信托、保险等金融机构作为优先级参与时通常是“名股实债”或“小股大债”，希望取得固定收益，并有回购承诺，存在一定的合规性风险。

PPP 基金的组织形式

PPP 基金的组织形式主要有以下几种：

1. 公司型 PPP 基金

公司型 PPP 基金具有法人资格，治理结构与普通公司相似。公司型 PPP 产业基金并不多见，典型的有中国政府和社会资本合作融资支持基金，由财政部、社保理事会和九家金融机构联合发起，总规模达 1800 亿元。

2. 契约型 PPP 基金

在契约型 PPP 基金中，各出资人将资金委托给受托人管理，基金本身不具有法人地位。基金投资人在投资项目或投资企业时，不是真正意义上的股东，基金管理人全权负责运作。出资人在退出或转让时，手续也相对简单。例如江苏省 PPP 融资支持基金，总规模为 100 亿元，江苏省财政厅出资 10 亿元，江苏银行、交通银行江苏分行、浦发银行南京分行、建设银行江苏分行、农业银行江苏分行各出资 18 亿元。成立了 5 只子基金，每只 20 亿元，可单独委托管理人进行管理。其中，江苏省 PPP 融资支持基金首只子基金，规模 20 亿元人民币，财政出资 2 亿元，江苏银行出资 18 亿元。2016 年 1 月，江苏省 PPP 融资支持基金首只子基金以股权方式对徐州市城市轨道交通 2 号线一期工程项目投资 4 亿元，期限 10 年，成为全国 PPP 基金投资第一单。

3. 有限合伙型 PPP 基金

有限合伙型 PPP 基金在 PPP 基金中最为常见，有限合伙人（LP）与普通合伙人（GP）共同成立有限合伙企业。普通合伙人对合伙企业债务承担无限连带责任，有限合伙人以其认缴的出资额为限对合伙企业债务承担责任。管理人既可以是普通合伙人，也可以委托管理人进行管理。

PPP 基金的投资方式

PPP 基金的投资方式主要有两种。一是直接投资 PPP 项目。此类 PPP 基金主要是在轨道交通，市政供水、供气、供暖，污水处理，保障房，医疗设施及养老服务设施等领域。二是投资 PPP 项目公司。在不直接投资 PPP 项目的情况下，PPP 基金还有一种支持 PPP 项目的方法，即以股权投资的方式对 PPP 项目公司进行投资。

PPP 基金退出机制

笔者认为，无论对公募基金还是私募基金而言，退出机制都是与投资风险、回报机制同等重要的问题。实际上，PPP 项目的期限合作一般在 10~30 年，因此有效的退出渠道可以避免较大风险。鉴于基金对退出机制要求较高，一般会要求在 PPP 全生命周期（指项目从设计、融资、建造、运营、维护至移交的完整周期）的前段退出。

具体来说，基金退出方式有以下三种：

1. 项目清算

项目清算退出是指产业投资基金的资金投入到 PPP 项目公司，在项目投资公司完成项目任务（或阶段性投资任务后）后，通过项目投资公司清算（或注册资本减少）的方式，返还产业投资基金应当获取的股权收益，实现投资的退出。

2. 股权回购 / 转让

股权回购/转让退出是指产业投资基金的资金投入到PPP项目公司，在项目投资公司完成项目任务（或阶段性投资任务后）后，由社会资本联合体或其他社会资本进行股权回购。

3. 资产证券化退出

资产证券化退出是指产业投资基金的资金投入到PPP项目公司，在项目运营成熟后，通过将项目公司资产注入上市公司、发行资产证券化产品或海外发行房地产投资信托基金（REITs）等资产证券化方式，获得投资收益，实现投资的退出。

【案例 4–1】

下面是国内W科技公司发起的“城乡固废处置3.0产业基金”方案，通过该方案可以对产业投资基金的各个方面有充分的了解。

一、设立方案

“城乡固体废物处置3.0产业基金”的基本情况如表所示。

基金名称	城乡固体废物处置3.0产业基金（有限合伙）
基金发起人	W科技股份有限公司
基金管理人	W投资管理有限公司（拟成立）、其他两家GP
基金规模	一期目标规模5亿元，不超10亿元
基金期限	3+1+1，前3年为投资期，第4年为退出期，第5年为退出期及清算期
投资标的	定位于中小城市垃圾、危险废物及其他固体废物的协同处理项目
退出方式	IPO或挂牌，被并购，收益分红
交易结构	GP出资3000万元，剩余份额募集，LP不超过47人
费率安排	管理费总计2%/年，托管费0.1%/年
风控机制	单个项目占比不超过20%，单个项目基金净值亏损达30%时强制止损

二、交易结构

城乡固废处置3.0产业基金交易结构见图1。

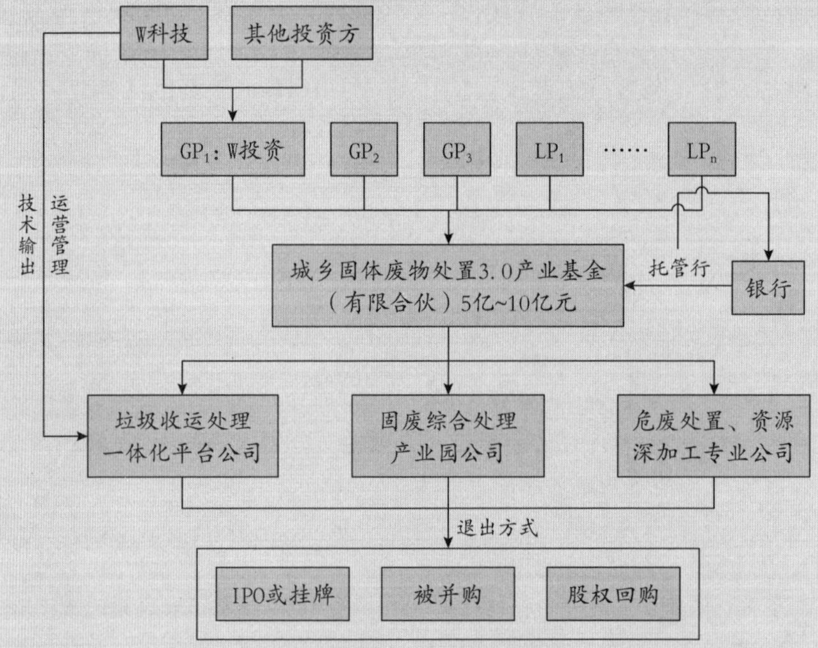

图1　基金交易结构图

三、决策机制

（1）该基金投资决策委员会由5名委员组成，实行绝对多数表决通过制；

（2）该基金投资决策委员会由W投资牵头，整合各方资源，为基金的项目选择、投资决策、投后管理、退出等提供决策支持；

（3）该基金投资决策委员会设执行委员1名，委员4名，并设基金经理1名，基金经理向执行委员汇报，列席投资决策会议。详见图2。

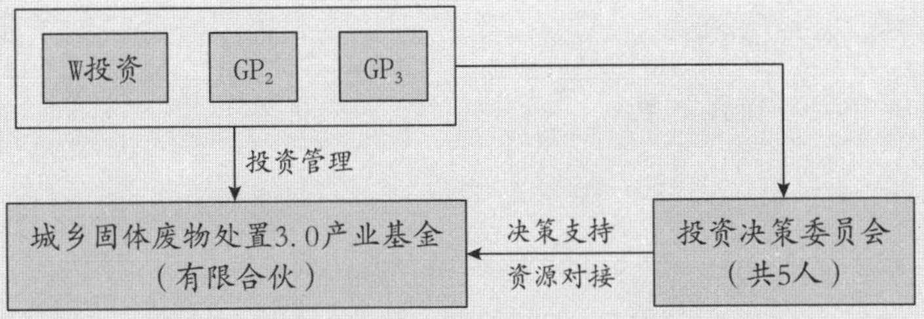

图2　决策机制图

四、风控流程

项目投资风控流程见图3。

项目投资决策申请

投资决策会议确立投资方向，项目经基金经理和执行委员同意立项后，相关人员应在尽职调查基础上形成项目投资决策申请书，连同尽职调查报告等提交基金经理审核。

投资决策会议做出投资决策

- 原则上投资决策会议由执行委员召集，每月召开一次，审议基金经理及执行委员提交审核的项目。
- 单个投资金额占基金总额20%以上（包含20%）的项目不得立项。

执行委员组织相关人员谈判

如最终谈判未能达成预期结果，应当及时报告，由基金经理报执行委员决定是否重新提请投资决策委员审议。

项目投资实施和项目管理

- 项目后续管理实行项目跟踪制。投资单个项目，累计亏损额占投入资金总额比例达到20%时，应由执行委员、基金经理及时召开项目会议，讨论应对措施；累计亏损比例达到30%时，应及时报告投资决策委员会，讨论应对措施。
- 基金通过派员参加被投资企业股东大会、董事会或监事会以及派出经营管理人员等形式参与项目基金的重大决策，并对其完成情况进行监管。

图3　风控流程图

五、盈利模式

项目盈利模式见图4。

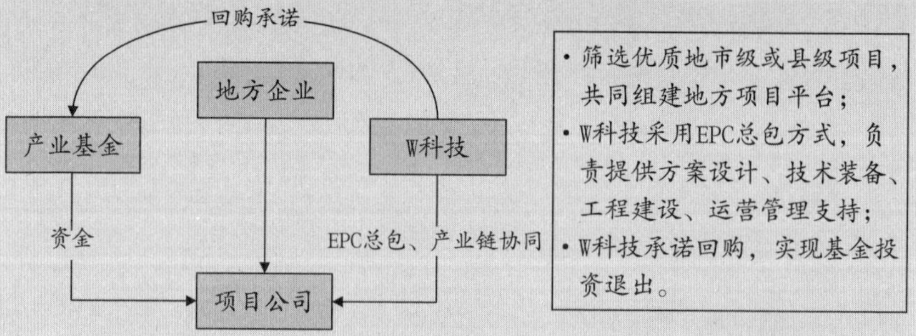

图4　盈利模式图

05

信托、资产证券化支持 PPP

信托参与 PPP

信托参与 PPP 的优势

PPP 模式主要适用于投资规模相对较大、价格调整机制相对灵活透明、有稳定现金流且市场化程度相对较高的项目。相比较而言，信托拥有期限灵活、审批迅速、资金匹配度好等优势。一方面，信托公司可以凭借丰富的股权投资经验优化 PPP 项目的识别、准备、实施过程和 PPP 项目的后期运维；另一方面，信托公司可以利用其在金融市场上的优势为 PPP 项目公司提供更为完善的金融解决方案。

除此之外，信托公司在发挥自身资本优势的同时，还可以采取第三方委托管理、共同投资等方式与专业运营机构等合作参与 PPP 项目。

信托参与 PPP 利好颇多：其一是延续信政合作业务，拓宽投融资渠道；其二是直接控制优质资产及长期稳定的现金流；其三是推动融资平台业务转型；其四是发掘潜在机会，探索业务创新。

信托公司参与 PPP 项目的模式

信托公司可以直接或间接参与 PPP 项目。一是直接参与，即信托公司直接以投资方的形式参与基础设施建设和运营，通过项目分红收回投资。主要形式是发行产品期限较长的股权或债权信托计划，资金来源主要是银行、保险等机构资金。二是间接参与，即信托公司为 PPP 模式中的参与方融资，或者与其他社会资本作为联合体共同投资项目公司，在约定时间由其他社会资本回购股权退出。此外，信托公司还可以为 PPP 项目公司提供融资，通过过桥贷款、夹层融资等形式介入。

对于信托公司而言，PPP 被普遍认为存在诸多业务机会。目前，国内信托公司正深度参与 PPP 并呈现多元化特点，其形式包括直接参与项目、组建联合体、成立产业基金等。理论上讲，信托公司参与 PPP 项目的主要模式有以下六种：

1. 权益投资方式

即信托公司发行信托计划，将所募集资金用于 PPP 项目公司，享有特许经营权、收益权等能带来稳定现金流的权益。

2. 信托贷款方式

即信托公司发行信托计划，将所募集资金用于向项目公司提供贷款，由 PPP 项目公司或公司股东提供还款来源以及担保措施。

3. 股权投资方式

即信托公司与政府、社会资本合作，共同成立PPP项目公司，直接以股权投资的方式为PPP项目融资，通过PPP项目按入股比例分红回收投资。这种模式对信托公司全面识别PPP项目风险能力以及就风险分担机制与政府谈判能力的要求最高。且由于PPP项目期限长而收益较低的特征，信托公司可能需要撮合保险、银行等长期低成本资金开展业务。

4. 间接融资方式

除直接参与PPP项目外，信托公司还可以投资方的身份参与基础设施建设、运行PPP项目，为PPP项目中的某一建设方提供融资，就是间接参与PPP。

5. 借道产业基金方式

除直接参与PPP项目外，一些信托公司通过借道PPP产业基金来参与基建投资。例如某某信托与某某省投资集团有限责任公司共同发起设立该省第一只省级PPP投资基金，并通过设立股权投资基金形式直接参与管理该省PPP投资基金业务。该信托作为管理人中标某医院迁建PPP项目，直接参与主动管理。

资产证券化参与PPP

资产证券化是通过在资本市场和货币市场发行证券筹资的一种直接

融资方式[1]，是以项目基础资产未来所产生的现金流为偿付支持，通过结构化设计进行信用增级，在此基础上发行资产支持证券的过程。资产证券化在一些国家运用非常普遍。

资产证券化常见的资产类别包括金融机构信贷资产、企业债权资产、企业收益权资产、企业不动产等四大类。企业收益权包括市政水电气收费权、路桥收益权以及 PPP 收益权等。能够被证券化的基础资产，必须是能够产生独立、可预测、持续、稳定现金流的特定的单项或多项财产或权利。目前，国内资产证券化主要有四种模式：一是证券公司及基金管理公司子公司资产支持专项计划，即企业资产证券化业务（简称“企业 ABS”）；二是信贷资产证券化业务（简称“信贷 ABS”）；三是保险资产证券化业务；四是银行间市场交易商协会监管的资产支持票据业务（简称“ABN”）。2018 年我国资产证券化市场规模继续保持快速增长态势，全年共发行资产证券化产品 2.01 万亿元，同比增长 36%；年末市场存量为 3.09 万亿元，同比增长 47%。

PPP 项目资产证券化是指以 PPP 项目未来的收益权或特许经营权为保证的一种融资方式，其对资产的核心要求是持续产生稳定的现金流。基于此，PPP 项目资产证券化主要适合于经营性项目（使用者付费）和

---

[1] 据统计，2014 年国内发行的资产支持证券（ABS）总规模为 3300 亿元，2015 年为 6100 亿元，2016 年为 8400 亿元。数据显示，截至 2017 年 12 月 31 日，累计有 118 家机构备案确认 1125 只资产支持专项计划，总发行规模超过 16000 亿元。

准经营性项目（使用者付费不足，政府以补贴方式弥补社会资本投资收益）。

实践中，金融机构可以通过资产证券化、资管计划以及另类投资等方式参与PPP项目。以证券公司为例，证券公司通过成立资产支持专项计划，对有稳定现金流的PPP项目进行证券化，为PPP项目融资。公开信息显示，民族证券成立"濮阳供水收费收益权资产支持专项计划"，通过设立资产支持专项计划（SPV），发行期限1~5年不等的五档优先级资产支持证券，所得资金用于购买濮阳市自来水公司的供水合同收益权，投资者收益来源于濮阳市自来水公司的供水收费，并由濮阳市自来水公司担任差额补足义务人，在现金流不足以支付投资者本息时承担差额补足义务。此类项目为PPP项目资产证券化提供了良好的解决方案。

资产证券化将未来可预测现金流但是缺乏流动性的资产如BOT、TOT、ROT类的PPP项目资产转变成可以在资本市场上流通的证券，使社会资本获得了流动性。鉴于供水、污水处理、垃圾焚烧、高速公路等PPP项目具有较为稳定的现金流，资产证券化被认为是未来发展这几类PPP项目的主要融资方式之一。

PPP项目资产证券化优势明显

研究发现，PPP项目资产证券化具有诸多优势，例如先天政策约束强（尤其是2017年以来国家不断加强对PPP的严监管，PPP项目操作越来越规范，PPP 项目基础资产也越来越优质）、基础资产广（PPP 涵盖 19 个行业[1]）、保障力度大（PPP 项目主要涉及基础设施和公共服务领域，多数项目现金流稳定，部分项目还有政府可行性缺口补贴）等优势。在国家大力推广 PPP、规范发展 PPP 的背景下，PPP 项目资产证券化业务具有广阔的发展空间。

资产证券化具有融资成本低、速度快、规模大、期限长等诸多优势

与银行、基金、信托等各种融资模式相比，资产证券化具有融资成本低、融资速度快、规模大、期限长等诸多优势。目前，我国 PPP 项目融资主要依靠商业银行，获得政策性银行低息贷款难度更大。但 PPP 项目投资规模大且建设和运营时间很长，许多 PPP 项目投资规模达数十亿甚至百亿元，投资运营期限最长达 30 年，而银行贷款存在资金错配等难题，这使得许多 PPP 项目因银行无法提供贷款而不能落地。

PPP 模式与资产证券化相得益彰

PPP 项目多是基础设施建设和公共服务项目，使用者众多，现金流稳定。资产证券化的对象是基础资产。一般而言，资产是指由企业过去经营交易或各项事项形成的、由企业拥有或控制的、预期会给企业带来

[1] 根据国务院办公厅转发的《财政部 国家发展改革委 人民银行关于在公共服务领域推广政府和社会资本合作模式的指导意见》（国办发〔2015〕42 号），PPP 共包括能源、交通运输、水利建设、生态建设和环境保护、市政工程、片区开发、农业、林业、科技、保障性安居工程、旅游、医疗卫生、养老、教育、文化、体育、社会保障、政府基础设施和其他等 19 个行业。

经济利益的资源。资产证券化对资产的核心要求是持续产生稳定的现金流，这与 PPP 项目产生持续稳定的现金流特点一致。

PPP项目的收入来源主要有三种：一是完全经营性的资产经营收入，如供水项目；二是准经营性收入，如污水处理、垃圾处理等项目中，政府通过补贴的方式来保障项目财务可行性；三是纯公益性项目，由政府完全付费。而 PPP 项目资产证券化是以项目未来收益权或特许经营权为保证的一种融资方式，因此资产证券化主要适合经营性项目和准经营性项目。各地公布的鼓励社会资本参与的 PPP 项目涵盖了城市供水、供暖、供气、污水和垃圾处理、保障性安居工程、地下综合管廊、轨道交通、医疗和养老服务设施等领域，这些项目收费机制比较透明，一般都具有稳定的现金流，为实现资产证券化提供了可能。

资产证券化是 PPP 项目的有效退出机制

加快 PPP 项目资产证券化，有几方面的作用：一是有利于拓宽 PPP 项目融资渠道、降低 PPP 项目融资成本、增强资产流动性、丰富社会资本退出方式，从而提高社会资本投资 PPP 项目的积极性；二是有利于化解资产证券化市场优质基础资产不足、投资风险大的难题。

对广大社会资本而言，完善的退出机制是其投资 PPP 项目不可或缺的重要保障。然而，部分地方政府在推广 PPP 的进程中，存在“重准入保障，轻退出安排”的问题。鉴于退出机制尚未健全，社会资本担心难以回收投资，对参与 PPP 项目存在较大的顾虑。2014 年 12 月，国家发展改革委颁布了《关于开展政府和社会资本合作的指导意见》（发改投资〔2014〕2724 号），在加强政府和社会资本合作项目的规范管理部分，将退出机制作为重要的一环予以规范，并提出政府要“依托各类产权、股权交易市场，为社会资本提供多元化、规范化、市场化的退出渠道”。

大体而言，社会资本投资 PPP 项目后，有三种退出渠道：第一种是 PPP 项目清算退出；第二种是股权回购 / 转让（根据政策规定，地方政府不能作为 PPP 项目股权回购的主体）；第三种是资产证券化，也就是说，PPP 项目资产证券化为社会资本投资 PPP 项目提供退出渠道、有效降低原始权益人的债务杠杆、破解 PPP 项目融资难、提高社会资本的持续投资能力以及盘活 PPP 项目的存量资产等。分析认为，与信贷、公司债、股权等融资方式相比，资产证券化最重要的特点是，其信用基础并非企业整体信用，而仅仅是被证券化的那部分资产，因此，企业可以发行比自身信用等级更高的证券化产品，以降低融资成本，加速 PPP 项目的资金流转。

需要指出的是，关于 PPP 项目资产证券化能否成为社会资本退出方式的问题，目前学界仍存不同的看法。一种观点认为 PPP 项目资产证券化可以成为社会资本退出的方式，在 PPP 推广面临多方困难的背景下，对于提高社会资本投资 PPP 项目的积极性有重要的作用；另一种观点则认为，PPP 项目资产证券化如果成为社会资本的退出方式将是一种错误。其中关键的逻辑在于：一是从政府推广 PPP 模式的目的来看，主要是发挥社会的资金优势、技术优势和运营管理经验，如果社会资本通过 PPP 资产证券化的方式提前退出，那么政府部门就要在合作期届满前将整个项目的运营责任和风险全部揽到自己身上，这又回到政府自建、自营的老模式上去了。二是实施 PPP 项目资产证券化的目的不是为社会资本提供退出通道，而是为 PPP 项目的相关主体提供一种融资手段。虽然通过 PPP 项目资产证券化可以“加快社会投资者的资金回收”，但这不意味着社会资本可借此实现 PPP 项目合作的退出，因为即使社会资本通过资产证券化拿回了全部投资成本及其收益，那也只是从资金流的角度来看，实现了资金的“闭环”流动，并不意味着社会资本可以不再履行其在 PPP 合同项下的应尽义务。三是国家政策强调的是 PPP 项目资产证券化的融资功能。对于项目公司，鼓励其通过开展资产证券化，实现优化融资安排，达到降低综合融资成本的目的；对于项目公司股东，可探索通过资产证券化的方式，盘活存量股权资产，达到提高资产流动性的目的；对于项目公司的其他相关主体，支持其通过资产证券化，达到盘活存量资产，多渠道筹集资金的目的。

资产证券化在我国 PPP 领域的应用

资产证券化是通过在资本市场和货币市场发行证券筹资的一种直接

融资方式。资产证券化目前在一些国家运用非常普遍，例如美国一半以上的住房抵押贷款、四分之三以上的汽车贷款是靠发行资产证券提供的。我国自企业资产证券化产品实施备案制以来，2015 年完成基金业协会备案的资产支持专项计划共计 97 单[1]，总金额达 975.66 亿元。

提高社会资本参与 PPP 项目的积极性，不仅需要 PPP 项目满足社会资本参与的理性条件，即收益、成本、责任与风险要求，还需要提高资本的流动性。深入研究 PPP 模式的特点，结合资产证券化，发现可以将 PPP 项目投资所形成的收益或现金流变成可投资的工具，形成可以上市交易的证券化产品。

研究发现，相当多的 PPP 项目，尤其是供水、供气、轨道交通、污水处理、垃圾焚烧发电、智慧立体停车等项目，具有稳定的现金流，资产证券化被认为是未来支持发展 PPP 项目的重要途径。

权威专家建议，针对 PPP 项目融资以及 PPP 项目投资后的资本流动性不足等问题，应大力发展 PPP 项目资产证券化，将 PPP 项目资产证券化打造成加速 PPP 项目落地和 PPP 模式发展的重要引擎。一是对于能产生稳定现金流的 PPP 项目，鼓励先行先试，对 PPP 项目进行资产证券化。对准公益性和公益性的 PPP 项目，鼓励开展大型、一体化

[1] 从基础资产类型来看，主要涵盖小额信贷资产、融资租赁债权、供热、供水收费收益权、高速公路通行费收费收益权、信托受益权、应收账款、BSP 票款债权、污水处理收费收益权、保理融资债权等。

的 PPP 项目，形成跨领域的收益项目，为打包项目资产做支撑；二是提高资本的流动性，让社会资本把握机会收益，也方便由其他社会资本参与方回购股权；三是加快 PPP 项目资产证券化相关的金融工具创新，例如根据 PPP 项目的现金流特征，设计成合适的资产证券化产品，通过恰当的结构化设计使其满足不同风险偏好投资者的需求；四是加快 PPP 项目资产证券化相关制度创新，围绕 PPP 项目资产证券化所需要的条件，加快建立和完善 PPP 项目资产评估和信用评级等相关制度。

PPP 项目资产证券化已具备扎实的基础

近年来，为大力推广 PPP，无论是在国家、部委层面，还是在省市层面，都出台了大量的支持 PPP 的政策。尤其是自 2017 年以来，为更加规范发展 PPP，我国出台了以《关于规范政府和社会资本合作（PPP）综合信息平台项目库管理的通知》（财办金〔2017〕92 号）为代表的一系列强监管政策。与此同时，我国 PPP 实现了快速发展，一大批优质的 PPP 项目落地。可以说，我国在 PPP 推广方面做了大量切实有效的工作，为 PPP 项目资产证券化奠定了扎实的基础。

在法律法规政策层面，《中华人民共和国政府采购法》《中华人民共和国预算法》《中华人民共和国特许经营法》等法律的先后颁布与修订，以及规范发展 PPP 的法规政策的先后出台，为 PPP 模式创造了良好的法律基础。

2014 年 10 月，国务院发布《关于加强地方政府性债务管理的意见》

（国发〔2014〕43 号），提出要“鼓励社会资本通过特许经营等方式，参与城市基础设施等有一定收益的公益性事业投资和运营；投资者或特别目的公司可以通过银行贷款、企业债、项目收益债券、资产证券化等市场化方式举债并承担偿债责任”。

2014 年 11 月，《国务院关于创新重点领域投融资机制鼓励社会投资的指导意见》（国发〔2014〕60 号）出台，提出“推动铁路、公路、机场等交通项目建设企业应收账款证券化”。

2016 年 7 月，《中共中央 国务院关于深化投融资体制改革的意见》（中发〔2016〕18 号）指出：“依托多层次资本市场体系，拓宽投资项目融资渠道，支持有真实经济活动支撑的资产证券化，盘活存量资产，优化金融资源配置，更好地服务投资兴业。”

2016 年 12 月，国家发展改革委、证监会联合发布《关于推进传统基础设施领域政府和社会资本合作（PPP）项目资产证券化相关工作的通知》（发改投资〔2016〕2698 号），鼓励 PPP 项目实施资产证券化，明确要求项目已经正常运营 2 年以上，并已产生持续、稳定的现金流。

2017 年 2 月，中国证券投资基金业协会[1]（以下简称中基协）发布《关于 PPP 项目资产证券化产品实施专人专岗备案的通知》。针对符合

[1] 中国证券投资基金业协会成立于 2012 年 6 月 6 日，是依据《中华人民共和国证券投资基金法》和《社会团体登记管理条例》，经国务院批准，在国家民政部登记的社会团体法人，是证券投资基金行业的自律性组织，接受中国证监会和国家民政部的业务指导和监督管理。

发改投资〔2016〕2698号文件要求的PPP项目资产证券化产品，中基协将在依据《资产支持专项计划备案管理办法》的备案标准不放松的前提下即报即审，提升备案效率。与此同时，上海证券交易所、深圳证券交易所均发布了《关于推进传统基础设施领域政府和社会资本合作（PPP）项目资产证券化业务的通知》，提出对于符合发改投资〔2016〕2698号文件的优质PPP资产证券化产品实行“5+3”（5个工作日提出反馈意见，收到反馈后3个工作日明确是否符合挂牌要求）的即报即审措施，提升挂牌效率。

2017年6月，财政部、中国人民银行、证监会联合发布《关于规范开展政府和社会资本合作项目资产证券化有关事宜的通知》（财金〔2017〕55号），鼓励项目公司开展资产证券化优化融资安排。在项目运营阶段，项目公司作为发起人（原始权益人），可以按照使用者付费、政府付费、可行性缺口补助等不同类型，以能够给项目带来现金流的收益权、合同债权作为基础资产，发行资产证券化产品。探索项目公司股东开展资产证券化盘活存量资产。除PPP合同对项目公司股东的股权转让质押等权利有限制性约定外，在项目建成运营两年后，项目公司的股东可以以能够带来现金流的股权作为基础资产，发行资产证券化产品，盘活存量股权资产，提高资产流动性。支持项目公司其他相关主体实施资产证券化。在项目运营阶段，为项目公司提供融资支持的各类债权人，以及为项目公司提供建设支持的承包商等企业作为发起人（原始权益人），可以合同债权、收益权等作为基础资产，按监管规定发行资产证券化产品，盘活存量资产，多渠道筹集资金，支持 PPP 项目建设实施。

2019 年 6 月，为进一步完善业务规则体系，规范和指导资产证券化业务的尽职调查工作，提高尽职调查工作质量，根据证监会《证券公司及基金管理公司子公司资产证券化业务管理规定》（以下简称《管理规定》）、《证券公司及基金管理公司子公司资产证券化业务尽职调查工作指引》（以下简称《尽调指引》）和《资产证券化业务风险控制指引》（以下简称《风控指引》）以及其他有关规定，中基协公布《政府和社会资本合作（PPP）项目资产证券化业务尽职调查工作细则》（以下简称《细则》）等系列自律规则，《细则》指出，该细则的规定是资产证券化业务尽职调查工作的最低要求，各相关机构可在此基础上制定更为细化、标准更高的制度。

《细则》明确，对资产证券化业务的尽职调查工作应满足如下原则和标准：一是管理人应遵循全面性、审慎性、准确性原则开展资产证券化业务尽职调查工作；二是对业务参与人的尽职调查结论需支撑相关参与主体合法存续，具备相应业务资质，业务制度、风控制度健全，能够持续稳定展业；三是对基础资产的尽职调查结论需确保基础资产符合法律法规规定，权属明确，可以产生独立、可预测、持续、稳定的现金流且可特定化；四是重点关注基础资产涉及的交易合同，应确保其真实、合法、有效，同时，加大对现金流归集账户的核查力度，确保专项计划能够建立相对封闭、独立的基础资产现金流归集机制，保证现金流回款路径清晰明确，切实防范专项计划资产与其他资产混同以及被侵占、挪用等风险；五是通过充分的尽职调查工作，使专项计划的设立满足《管理规定》《尽调指引》《风控指引》以及各交易场所相关自律规则的要求。

《细则》要求，管理人、原始权益人、资产服务机构、增信机构、托管人、资信评级机构、会计师事务所、律师事务所、资产评估机构、其他参与机构应严格履行尽职调查过程中相应的义务。原始权益人和除管理人以外的其他中介机构应按照合同约定，及时向管理人提供相关信息，并保证所提供信息真实、准确、完整。此外，《细则》对管理人、原始权益人、资产服务机构等参与机构及其人员违反该细则、相关约定、承诺或者协会其他规定，根据不同情形采取口头提示、约见谈话等方式对其予以提醒以及谈话提醒、书面警示、要求限期改正、公开谴责、暂停备案、取消会员资格、要求参加强制培训、行业内谴责、认定为不适当人选、暂停从业资格、取消从业资格等处分。

研究发现，从整体上看，《细则》中关于PPP项目资产证券化的尽职调查涉及PPP项目的全流程，这意味着如果PPP项目的全流程每个环节都是合法合规的，就能达到资产证券化的标准；如果流程当中有部分不合规甚至不合法的地方，就不符合资产证券化的要求，这对PPP项目的全流程合规合法提出了严格的要求。从内容上看，该细则主要分两大部分：一是对业务参与人也就是相关主体的尽调；二是对基础资产也就是PPP项目的尽调。从尽调结论来看，该细则是对前期相关规定或规则的整合，业务参与人部分主要整合了《管理规定》《尽调指引》及《风控指引》的内容，基础资产部分则是对上述相关文件及交易所和报价系统确认指南与信息披露指南的整合。

2014年12月，中基协发布的《资产支持专项计划备案管理办法》及配套规则中的《资产证券化业务基础资产负面清单指引》一直是资产证券化业务在筛选基础资产时首先要遵循的规范。《细则》再次将基础资产的尽职调查作为主要内容，并从结论出发，综合PPP项目资产证券化业务中需考虑的各项因素（包括主体、PPP项目从识别到建设到运营的整个流程的合规性、付费机制、权利负担、各方资信等），重点强调尽职调查的手段和所要达到的程度，进一步细化了PPP项目资产证券化的每一项要求，对于规范PPP项目资产证券化的尽调工作具有较强的指导意义。

在PPP项目层面，PPP合同越来越完善，PPP绩效考核越来完备，PPP项目公司的运作模式也日臻成熟，政府和社会资本之间的权利与义务关系更加规范，项目的财产权属也日益明确。

在PPP项目财务层面，使用者付费的PPP项目所占比例越来越大，政府完全付费的PPP项目所占比例越来越小，再加上PPP项目政府支付严格控制10%的红线，多数PPP项目现金流稳定、可持续，符合资产证券化的要求。

我国PPP项目资产证券化落地情况

我国基础设施资产证券化已有先例。2015年底，“广州机场高速公路车辆通行费收益权资产支持专项计划（2015年）”在深圳证券交易所挂牌交易，该项目以收费收益权资产支持专项计划目标融资44亿元。这是2015年内证券交易所市场发行规模最大的资产证券化产品。

调查发现，我国许多省（直辖市）已经在交通、水务等领域实践PPP项目资产证券化。部分经济发达地区（如广东、浙江等省）的PPP项目在探索资产证券化方面步伐加快，且取得了不错的成果。

在国家政策的支持和各方面的努力下，我国PPP项目资产证券化产品开始出现。

2017年3月，我国首批四个PPP项目资产证券化产品落地，分别为“华夏幸福固安工业园区新型城镇化PPP项目供热收费收益权资产支持专项计划[1]”（总规模7.06亿元）、“首创股份污水处理PPP项目收费收益权资产支持专项计划”（总规模5.3亿元）、“中信建投－网新建投

[1] 作为首批PPP项目资产证券化中唯一的单园区PPP项目资产支持专项计划，此次获批的华夏幸福固安PPP资产支持专项计划发行人为华夏幸福基业股份有限公司（以下简称“华夏幸福”）下属全资子公司固安九通基业公用事业有限公司，拟发行规模7.06亿元。其中，优先级资产支持证券募集规模为6.7亿元，分为1年至6年期6档，均获中诚信证券评估有限公司给予的AAA评级；次级资产支持证券规模0.36亿元，期限为6年，由九通基业投资有限公司（华夏幸福全资子公司、原始权益人固安九通基业公用事业有限公司控股股东）全额认购。作为国内领先的产业新城运营商，华夏幸福作为本交易差额支付承诺人和保证人，其提供的不可撤销的差额补足承诺可为本专项计划优先级资产支持证券本息的偿付提供较强的保障。

庆春路隧道 PPP 项目资产支持专项计划[1]”（总规模 14.32 亿元）和“广晟东江环保虎门绿源 PPP 项目资产支持专项计划”（总规模 3.2 亿元），这标志着业界一直期盼的 PPP 项目资产证券化正式实施。

2018 年 6 月，山东财经大学莱芜校区 PPP 资产支持专项计划在上海证券交易所挂牌交易。山东财经大学莱芜校区项目是山东省首个高校类 PPP 项目，分别入选山东省和财政部第三批国家级示范项目。项目占地面积 1000 亩，规划建筑面积 21.3 万平方米，计划总投资 9.1 亿元，其中财政投入 2.5 亿元，PPP 项目公司筹资 6.6 亿元。一期、二期主体及配套工程包括：教学楼、实验楼、教学管理业务楼、学生宿舍、教师公寓、食堂、图书馆、大学生创业中心、体育场等，总建筑面积 17 万平方米。该项目资产支持专项计划由上海国泰君安资产管理有限公司作为计划管理人和销售机构成功运作发行，是全国高校第一单、位列全国前十位的 PPP 项目资产证券化项目，填补了 PPP 领域国内高等院校 ABS 产品的空白。

2018 年初，中央国债登记结算有限责任公司研发中心发布《2017

[1] 由中信建投证券股份有限公司担任计划管理人，由兴业银行、浙商银行、南京银行三家银行作为投资机构完成认购，其中优先 A 档资产支持证券，期限 14 年，评级 AAA，赎回或回购周期为 2 年，规模 7 亿，利率 4.05%；优先 B 档资产支持证券，期限 14 年，评级 AAA，赎回或回购周期为 3 年，规模 4 亿，利率 4.15%。杭州庆春路隧道 BOT 项目是浙江省、杭州市首个引进社会资本采用 BOT 模式建设的大型城市基础设施项目，于 2006 年启动建设、2010 年如期建成投入运营。

年资产证券化发展报告》。报告显示，2017年，我国资产证券化市场延续快速发展势头，发行规模超过1万亿元，市场存量突破2万亿元，创新品种层出不穷，参与主体更加多元。报告同时指出，2017年，多部委发文推动PPP项目资产证券化业务开展，PPP项目资产证券化发展迅猛。

可以预见，未来随着我国资产证券化政策的不断完善和PPP项目资产证券化操作经验的不断积累，资产证券化将对我国PPP推广起到重要的作用。

推进PPP项目资产证券化存在的困难

梳理发现，PPP项目资产证券化推进缓慢。我国目前开展的资产证券化产品主要以一般企业的应收账款、租金为主，涉足PPP项目的很少。

截至2017年11月，在深交所，上交所以及中证私募报价挂牌交易的PPP资产证券化仅有7只，规模累计不超过70亿元。关于PPP项目资产证券化推进缓慢的原因，分析认为：一是期限匹配的问题，PPP项目合作周期长，通常在10~30年，而资产证券化产品的存续期限一般在5年以内，很少能超过7年。因此，单个资产支持专项计划不能覆盖PPP项目的全生命周期。二是很多PPP项目在建设初期就把收费收益权质押给商业银行作为贷款担保，而项目证券化还需要足额资金解除质押，这对项目公司而言操作难度很大。三是存在PPP项目基础资产的风险隔离问题。资产证券化要求基础资产权属明确，具有完整的财产权利和处置权利，并与原始权益人的其他资产明确区分，但在PPP项目资产证券化的实际操作过程中，基本资产的权属明确性不够，进而在一定程度上影响了PPP项目资产证券化的进度。

此外，自2017年下半年以来，一系列PPP新规出台，PPP市场迎来了强监管，进入规范调整的阶段。如2017年11月财政部发布的财办金〔2017〕92号文件要求对PPP已入库和新入库项目进行全面排查。显然，PPP项目规模在强监管之下已经出现收缩，这也给资产证券化带来了一定影响。2017年6月，财政部、中国人民银行、证监会发布的《关于规范开展政府和社会资本合作项目资产证券化有关事宜的通知》(财金〔2017〕55号)便要求开展PPP资产证券化的项目必须入库。随着文件的执行，资产证券化项目的存量会在一定程度上受到影响。

不过，业内普遍认为，从短期来看，国家对PPP项目严监管，一些项目会被清退，对资产证券化有一定影响。但从中长期来看，规范措施有助于提高PPP项目的质量，对PPP项目资产证券化是利好。

特色小镇PPP资产证券化

2017年12月，国家发展改革委、国土资源部、环境保护部、住房和城乡建设部等四部委联合发布《关于规范推进特色小镇和特色小城镇建设的若干意见》，对特色小镇的空间范围予以明确：合理控制特色小镇四至范围，规划用地面积控制在3平方公里左右，其中建设用地面积控制在1平方公里左右，旅游、体育和农业类特色小镇可适当放宽。笔者认为，“3平方公里”和“1平方公里”并不是绝对数字，也不是不可逾越的，即旅游、体育和农业类特色小镇与其他产业类特色小镇不同，有其用地的特殊性（如农业类特色小镇须具有一定的规模才能产生规模经济效益，才能吸引社会资本投资建设），这一点充分体现了政策的严谨性和灵活性。

研究发现，特色小镇建设具有涉及项目多、投资规模大的特点。以我国特色小镇的发轫地浙江省为例，统计监测数据显示，2016年前三季度，130个省级特色小镇创建和培育对象完成固定资产投资（不包括住宅和商业综合体项目，下同）1101.1亿元[1]。

对于特色小镇建设而言，融资难是最大的问题之一。以某特色小镇为例，其每年基础设施建设需要资金3亿元以上。而按照我国现行的管理体制，市县以下的镇级不允许有融资平台，而依该镇的财力无法提供

[1] 其中，第一批36个创建对象投资371.0亿元，平均每个小镇10亿元；第二批42个创建对象投资395.7亿元，平均每个小镇9.4亿元；52个培育对象投资334.5亿元，平均每个小镇6.4亿元，创建对象的投资力度明显大于培育对象。所有省级特色小镇创建对象和培育对象中，梅山海洋金融小镇固定资产投资额近25亿元，而临安云制造小镇、桐乡毛衫时尚小镇、义乌丝路金融小镇、路桥沃尔沃小镇、宁海智能汽车小镇、金华新能源汽车小镇、萧山机器人小镇等固定资产投资额都超过15亿元。

这笔资金。因此，通过政府与社会资本合作，采取 PPP 模式解决建设资金问题是现实的选择。然而，社会资本采取 PPP 模式投资、建设和运营特色小镇，自身也面临融资难的问题。而从特色小镇 PPP 项目来看，其基础资产符合资产证券化的要求：以特色小镇建设内容所涵盖的基础设施项目和公共服务项目（供电、供水、供暖、供气、污水和垃圾处理、医疗和养老服务设施等）为例，这些基础资产都呈现受众面较广、收费机制透明、价格稳定、主现金流稳定的特点。当下，我国应大力发展 PPP 项目资产证券化，将 PPP 项目资产证券化打造成加速特色小镇 PPP 项目落地的重要引擎。

此外，资产证券化作为市场化的债务融资工具，不仅可以为 PPP 项目提供再融资，还可以实现 PPP 项目的规范管理。

以康养小镇为例。康养小镇 PPP 项目符合资产证券化的要求。具体来说，资产证券化对康养小镇 PPP 项目的意义主要体现在三个方面：一是有利于提高康养小镇 PPP 项目资产流动性；二是由于资产证券化是通过资本市场融资的，因此受到监管层的严格约束，比如信息公开、程序合法、投资理性，这就要求康养小镇 PPP 项目的运作模式、风险分配、交易结构、盈利模式等科学合理，从而倒逼康养小镇 PPP 项目依法合规运作、保证工程质量、提高运营水平、规范内部管理、提升项目效益；三是有利于通过市场机制对康养小镇 PPP 项目的回报率进行合理确定。

总的来说，资产证券化是特色小镇PPP项目建设完成进入运营期后再融资的理想方式。

可以预见，未来随着我国资产证券化政策的日益完善和成熟，资产证券化将在特色小镇建设方面发挥重要的推动作用。

06

绿色金融在 PPP 模式中的路径探索

绿色金融已上升为国家战略

绿色金融，是指金融部门把环境保护作为一项基本政策，在投融资决策中考虑潜在的环境影响。绿色金融的主要作用是引导资金流向节约资源技术开发和生态环境保护的绿色产业，引导企业的生产注重绿色环保。

近年来，全球生态环境不断恶化，绿色发展已经成为世界经济发展新趋势，发展绿色金融成为多个国家的一项重点战略，已经受到世界上越来越多的国家的重视。就我国而言，虽然绿色金融比欧美发达国家起步晚，但发展迅速，且拥有良好的环境，例如经济转型和产业结构调整升级，环境治理空间大，绿色产业基础扎实，以及绿色金融市场需求大，等等。

作为一种金融制度创新，绿色金融在促进我国生态建设和环境保护方面发挥着重要的作用。在我国大力进行经济转型、产业结构调整升级以及环保形势严峻的大背景下，2016年8月，中国人民银行、财政部、国家发展改革委、环境保护部、银监会、证监会、保监会等七部委发布《关于构建绿色金融体系的指导意见》(银发〔2016〕228号)，标志着发展绿色金融已经提升到国家战略的高度。

我国绿色金融体系不断完善

党的十八届五中全会提出了“创新、协调、绿色、开放、共享”的发展理念，“发展绿色金融，设立绿色发展基金”被列入国家“十三五”规划。2016年9月，G20杭州峰会首次将“绿色金融”纳入议题并写入G20峰会公报。自2016年以来，我国绿色金融发展突飞猛进。

为了加快经济向绿色化转型，提升经济增长潜力，助力经济持续、健康、稳定发展，我国高度重视构建绿色金融体系，并创造良好的政策环境。科学的政策是绿色金融可持续发展的前提和保障。目前，我国正不断加大金融对生态文明建设的支持力度，绿色金融有法可依、有章可循。我国已经开始借鉴发达国家在绿色金融政策方面的先进经验并出台绿色金融相关政策：2007年，银监会发布《节能减排授信工作指导意见》(银监发〔2007〕83号)，指出要大力发展绿色信贷，构建支持绿色信贷的政策体系；2012年，银监会印发《绿色信贷指引》(银监发〔2012〕4号)；2015年，银监会、国家发展改革委联合出台《能效信贷指引》(银监发〔2015〕2号)；2015年9月，中共中央、国务院发布《生态文明体制改革总体方案》，首次明确提出“要建立我国的绿色金融体系”，标志着指导我国绿色金融发展的顶层设计已经完成。

科学的绿色金融体系致力于引导广大的优质社会资本积极投入到绿色PPP项目中，以达到国家节能减排的目标和发展绿色经济、低碳经济、循环经济的目的，在可选择的大量绿色PPP项目中，应该将资金以“给定减排目标，资金使用效率最高”的原则进行配置。

事实上，绿色金融的主要作用是引导资金流向节能环保、清洁能源、绿色交通运输、绿色建筑等绿色产业。对此，中国人民银行相关负责人表示，中国绿色金融改革需优先突破六个领域，包括：大力发展绿色债券市场，建立国家级绿色发展基金，推动银行体系绿色化，推行强制性环境责任保险，发展绿色PPP融资，建立统一的碳交易体系、发展碳金融，等等。

绿色金融取得明显成果

根据国家发展改革委、中国人民银行等七部委联合印发的《绿色产业指导目录（2019年版）》，我国重点发展的绿色产业包括节能环保、清洁生产、清洁能源、生态环境、基础设施绿色升级和绿色服务等六大类。

近年来，我国绿色金融取得了明显的成果，尤其是在绿色信贷、绿色债券、绿色基金等领域成果显著。

绿色信贷

在绿色金融体系中，绿色信贷占有举足轻重的地位。截至 2016 年 6 月末，21 家主要银行业金融机构绿色信贷余额达 7.26 万亿元，占各项贷款的 9.0%。其中，节能环保、新能源、新能源汽车等战略性新兴产业贷款余额 1.69 万亿元，节能环保项目和服务贷款余额 5.57 万亿元。截至 2018 年年末，六大行绿色信贷余额已超过 4.4 万亿元。其中：工商银行投向生态保护、清洁能源、资源循环利用等节能环保项目的境内绿色信贷余额 12377.58 亿元，农业银行绿色信贷业务贷款余额 10504 亿元，建设银行绿色贷款余额 10422.60 亿元，中国银行绿色信贷余额 6326.67 亿元，交通银行 2018 年公布的支持节能减排授信余额（该行以低碳经济、环境保护、资源综合利用等为显著特征的绿色一类客户授信余额）2830.54 亿元，邮储银行绿色贷款（节能环保项目及服务贷款）余额 1904.05 亿元。

绿色债券

我国从 2016 年年初开始启动绿色债券市场，截至 2018 年 11 月，我国绿色信贷规模已超 9 万亿元，成为全球最大的绿色债券市场。

中国证券业协会发布的 2019 年上半年证券公司债券承销业务专项统计显示，23 家证券公司作为绿色公司债券主承销商或绿色资产证券化产品管理人（沪深交易所市场）共承销发行 21 只产品，合计金额达 517.43 亿元。其中，资产证券化产品 8 只，涉及金额 100.29 亿元。

绿色基金

截至2016年9月初，国内基金管理机构已经推出以环保低碳新能源、清洁能源、可持续社会责任治理为主题的基金94只，规模约980亿元，其中指数型基金56只，规模约470亿元，总体规模还较小。

绿色证券

绿色证券是继绿色信贷、绿色保险之后的第三项环境经济政策。目前，我国在企业IPO中达到环境保护要求（提交环保部门核查意见）、上市公司环境信息披露、绿色发展指数等方面都取得了一定的成果。

绿色保险

2008年，我国约有700家企业投保环境污染责任保险，保费收入1200万元，此后进入平稳增长期。到2012年，全国投保环境污染企业数和保费收入分别为2000多家和200亿元。到2014年，全国有22个省（自治区、直辖市）近5000家企业投保环境污染责任保险。

碳排放权交易和碳金融

碳排放权交易是一种通过市场交易来减少全球二氧化碳排放的机制。1997年通过的《京都议定书》把市场机制作为解决温室气体减排问题的新路径，即把二氧化碳排放权作为商品，形成二氧化碳排放权交易。碳交易的基本原则是合同一方通过向另一方购买获得温室气体减排额，买方可以将购得的减排额用于实现其规定的减排目标。中国自2011年开始陆续开展碳排放权交易的试点。2011年10月，国家发展改革委印发《关于开展碳排放权交易试点工作的通知》(发改办气候〔2011〕2601号),批准了在北京、天津、上海、重庆、深圳、湖北省、广东省共两省五市开展碳排放权的交易试点。2019年4月,生态环境部对外发布《碳排放权交易管理暂行条例(征求意见稿)》,标志着全国碳市场立法工作和制度建设取得重要进展。截止到2019年5月底,全国碳市场试点配额累计成交二氧化碳(排放额)3.1亿吨,累计成交额约68亿元。目前,我国已有87个低碳省、市试点,51个低碳园区试点,8个低碳城镇试点。据估算,到2020年,中国碳市场交易规模将达到4000亿元。

绿色金融支持绿色PPP

我国节能环保产业进入发展新阶段

我国环保形势一度十分严峻。环境保护部发布的《2014中国环境状况公报》显示,2014年全国开展空气质量新标准监测的161个城市中,仅有16个城市空气质量年均值达标,达标城市不足10%。2014年上半年,全国地表水总体为轻度污染。十大流域中Ⅰ~Ⅲ类水质断面占69.7%,劣Ⅴ类占9.9%。我国近40%的废水未经处理直接排放到江、河、湖、海中,对地表水体造成巨大污染。2014年4月环境保护部和国土资源部发布的《全国土壤污染状况调查公报》显示,全国耕地、林地、草地土壤点位污染物超标率分别为19.4%、10.0%、10.4%。

大气污染、水污染、土壤污染……在经历多年的粗放式发展后，我国环境污染事件频发，环境污染形势日益严峻。发展绿色经济、低碳经济、循环经济成为从中央到地方的共识。国家先后发布大气、水、土壤“三大行动计划”。2013年9月，《大气污染防治行动计划》（又称“大气十条”）出台，“大气十条”对近五年大气污染治理工作提出了具体和明确的目标。2015年4月，《水污染防治行动计划》（又称“水十条”）出台。“水十条”从全面控制污染物排放、着力节约保护水资源、充分发挥市场机制作用、严格环境执法监管、切实加强水环境管理、全力保障水生态环境安全等十个方面部署了水污染防治行动。2016年5月，《土壤污染防治行动计划》（又称“土十条”）出台。“土十条”提出了开展土壤污染状况详查、建立建设用地调查评估制度、严格管控受污染土壤环境风险等措施。

近年来，我国加大经济转型和产业结构调整升级，传统产业加速向节能环保、清洁能源、绿色交通运输、低碳、绿色、可持续方向发展，且成果显著。绿色经济成为我国的国家战略，绿色金融成为我国加快经济转型和产业结构调整升级的助推剂。如2015年年初，银监会、国家发展改革委联合发布《能效信贷指引》（银监发〔2015〕2号），鼓励金融机构积极开展能效信贷业务，支持产业结构调整和企业技术改造升级。银行业金融机构应在有效控制风险和商业可持续的前提下，加大对重点能效项目的信贷支持力度，如“有利于促进产业结构调整、企业技术改造和重要产品升级换代的重点能效项目”。

一系列关于节能环保的产业政策、财政政策以及金融政策先后出台，这意味着我国的节能环保产业迎来了良好的发展时期。

节能环保产业，是指为节约能源资源、发展循环经济、保护环境提供技术基础和装备保障的产业，主要包括节能产业、资源循环利用产业和环保装备产业，涉及节能环保技术与装备、节能产品和服务等。党的十八届五中全会首次把“绿色”作为指导我国未来发展的五大理念之一。“绿色发展”是以保护生态环境为前提并实现可持续发展的一种发展模式。在此背景下，我国节能环保产业看到了大发展的良机。

PPP 模式是环境保护可选之路

在资金安排方面，政府财政压力很大。环保投资部分资金来自中央财政。例如，2014 年中央财政先后安排专项资金 100 亿元支持各地开展大气污染防治，安排专项资金 55 亿元支持 55 个水质较好的湖泊保护、安排专项资金 59 亿元支持农村环境连片整治，等等。又如，2015 年 1—11 月中央财政节能环保支出达到 3692 亿元，同比增加 35%。尽管如此，我国环境治理资金严重不足，还需吸引社会资本的积极介入，即采取政府与社会资本合作（PPP）模式进行操作。环境保护部相关负责人表示，如果没有 PPP，没有新型金融工具，没有社会资本进入环境保护领域，将难以完成“十三五”环境保护的任务。以 PPP 模式吸引社会资本是未来我国环境保护的可选之路，环保 PPP 未来发展空间大有可为。

事实上，各类社会资本已经盯上籽环保 PPP 这个“大蛋糕”。不仅如此，当下大量非环保类的央企、国企、民企、外资以及混合所有制企业都在通过大手笔的跨界并购和重组，将业务链条延伸至环保行业，有的非环保企业甚至借助 PPP 模式完成了自身业务结构的调整和转型。

高达上十万亿元的 PPP 市场中，绿色 PPP（PPP 项目所属产业为绿色产业，主要是节能环保、清洁能源、绿色交通运输、绿色建筑等）占有重要的一席之地。研究发现，目前污水处理 PPP 项目、垃圾处理 PPP 项目（鉴于绿色项目的公益性质，国内绿色投资供给对财政资金的依赖较强，特别是在垃圾处理领域投资财政性资金来源占比已经超过 90%。随着垃圾处理 PPP 项目的增多，政府的财政支出压力将大大缓解）和轨道交通 PPP 项目以数量多、投资额大而格外抢眼。具体来说，随着大气、水、土壤“三大行动计划”的发布，“十三五”环保市场潜力巨大，总的社会投资有望达到 17 万亿元，这为社会资本提供了巨大的市场机会。[1]绿色交通运输领域也是 PPP 领域的重点。截至 2016 年 4 月，

[1] 财政部公布的第一批 30 个 PPP 示范项目中，环保类项目共 15 个，其中供排水项目为 12 个，占比达到 80%；第二批 206 个示范项目中，环保类项目共 66 个，其中供排水项目 27 个，占比超过 40%；第三批 516 个示范项目中，生态建设和环境保护类项目共计 46 个，投资总额 810.56 亿元，项目数量占比 8.9%，投资总额占比 6.9%。

财政部 PPP 信息中心项目库中交通运输行业 PPP 项目投资额达到 4.5 万亿元，居各行业之首。在交通运输 PPP 项目中，绿色交通运输 PPP 尤其受到青睐，主要包括各种低污染车辆，如无轨电车、有轨电车、轻轨、地铁等。

绿色金融支持绿色 PPP 的必要性

随着环境污染治理力度的加大，我国生态保护和环境治理行业投资高速增长。数据显示，2016 年 1—7 月，我国生态保护和环境治理行业投资增长 32.4%，比全部投资增速高 24.3 个百分点。如上所述，随着“三大行动计划”的出台，资金是亟待解决的一大核心问题。由于中央财政资金支持差距很大，环保投资面临巨大的资金缺口，需要引进社会资本完成环保投资。

正所谓“兵马未动，粮草先行”，政府选择与社会资本合作，资金是重中之重的问题。数千个总投资额上万亿元的节能环保 PPP 项目待字闺中，无论是民企、混合所有制企业、外企，还是央企、地方国企，都需要外部资金的支持。

研究发现，一方面，未来五年我国每年绿色产业投资额需求将达 2 万 ~ 4 万亿元[1]，在全部绿色投资中，财政每年投资额约为 3000 亿元，

[1] 根据世界自然基金会的测算，“十三五”期间，我国绿色融资需求为 14.6 万亿元，若选择更高标准的环境修复方案，则资金需求高达 30 万亿元。

80% 以上的资金需要社会资本的支持，政府以 PPP 模式和社会资本合作、发挥社会资本的优势成为必然的选择；另一方面，央企、地方国企、民企、外企以及混合所有制企业等各类社会资本在以 PPP 模式投资绿色 PPP 项目（污水处理、垃圾处理、河道治理、轨道交通、地铁、清洁能源等）后，大都面临资金的缺口，也需要银行、基金、信托、保险、证券等金融机构的大力支持，借助金融机构的力量完成绿色 PPP 项目的投融资、建设和运营。因此，要大力推广我国绿色 PPP，必须得到绿色金融的大力支持，建立我国的绿色金融体系迫在眉睫。

绿色金融支持 PPP 的政策基础

在政府、社会资本和金融机构等多方主体的积极参与下，发挥绿色金融的杠杆作用，能够加快我国绿色 PPP 项目的落地。鉴于此，国家从金融方面大力支持 PPP 发展，引导金融机构建立快速通道，加快重大工程、PPP 项目等贷款审批。

近年来，我国不断出台政策，通过绿色金融支持 PPP 发展。《关于构建绿色金融体系的指导意见》指出，设立绿色发展基金，通过政府和社会资本合作（PPP）模式动员社会资本，“支持在绿色产业中引入 PPP 模式，鼓励将节能减排降碳、环保和其他绿色项目与各种相关高收益项目打捆，建立公共物品性质的绿色服务收费机制。推动完善绿色项目 PPP 相关法规规章，鼓励各地在总结现有 PPP 项目经验的基础上，出台更加具有操作性的实施细则。鼓励各类绿色发展基金支持以 PPP 模式操作的相关项目”。

下面介绍一个绿色金融支持绿色 PPP 项目的案例。

【案例 6-1】

资料显示，大理洱海是我国第七大淡水湖，是大理主要饮用水源地，是苍山洱海国家级自然保护区的重要组成部分，流域面积 2565 平方公里，入湖河流 117 条，覆盖大理市、洱源县下辖的 16 个乡镇，约 83.3 万人。随着城镇化进程不断加快和旅游业快速发展，洱海流域产生的生活污水、垃圾和农业面源污染控制难度逐年加大。洱海曾先后于 1996 年、2003 年、2013 年三次暴发蓝藻，水质急剧恶化，其水环境与生态功能遭到严重破坏。

2013 年，大理市人民政府决定建设大理洱海环湖截污项目，整个工程包含新建污水处理厂 6 座，设计总规模为日处理 11.8 万立方米，一期建设污水处理厂总规模为日处理 5.4 万立方米；新建截污干管（渠）320.3 公里，其中含十八溪河道截污管道 211 公里；干渠 8.1 公里；新建提升泵站 12 座；配套新建混合调蓄池 15 座，总规模为 8.66 万立方米。

洱海环湖截污工程规划投资概算为 34.68 亿元，占大理州本级和大理市 2014 年财政支出 68.68 亿元的一半。州、市两级全年除民生外可用财力仅为 10 亿元，资金缺口巨大。

2014 年 5 月，大理州财政局向云南省财政厅正式提出运用 PPP

模式实施大理洱海环湖截污工程的申请。主要运作方式为：污水处理厂采用BOT（建设—运营—移交）模式，合作期限30年（含3年建设期）。污水收集干渠、管网、泵站采用DBFO（设计—建设—融资—运营）模式，合作期限18年（含3年建设期），由项目公司负责截污干管（渠）工程建成和运营维护，自达到政府付费条件之日起，政府方将按年（分15年）依效等额支付政府购买服务费。

经初步测算，项目在未获财政建设补助情况下，年付费总额为3.4亿元左右，扣除洱海资源保护费、项目自身收益等因素，市财政年付费在5900万元左右，占大理市公共预算支出的1.4%。

2015年9月，云南省发改委批复大理洱海环湖截污工程PPP项目可行性研究报告，批复投资45亿元，批复近期（2016—2020年）计划投资34.9亿元，PPP协议签约控制价29.8亿元。项目采用PPP模式实施建设，2018年完成建设，建设期限为3年。大理市洱海环湖截污工程（一期）PPP项目被列入财政部第二批PPP示范项目和云南省第二批专项建设基金项目库后，获国家批复专项建设基金5.77亿元。

绿色金融与PPP重点领域一致

《关于构建绿色金融体系的指导意见》（银发〔2016〕228号，以下简称《指导意见》）动员和激励更多社会资本投入绿色产业，抑制污染性投资，并明确以绿色金融体系的制度安排为绿色金融保驾护航。《指导意见》首次明确了绿色金融要通过绿色信贷、绿色债券、绿色证券和相关产品、绿色发展基金、绿色保险、碳金融等方式向环保、节能、清洁能源、绿色交通、绿色建筑等领域投入资金；明确了绿色金融支持的环保、节能、清洁能源、绿色交通等重点领域，这些正是 PPP 模式下国家重点推广的领域。截至 2016 年 10 月，从财政部发布的前三批 PPP 示范项目来看，节能环保、绿色交通、清洁能源等行业的 PPP 项目无论是项目个数还是投资规模均位居前列。总的来说，绿色金融支持的重点领域与 PPP 模式下的重点领域具有高度的一致性。

绿色 PPP 社会资本融资存在的困难

当下我国大力推广的 PPP 模式主要针对基础设施建设和公共事业项目，其具有投资规模大（动辄几亿、十几亿甚至上百亿元）、运营周期长（一般为 10~30 年）、回报率较低（自 2016 年以来，回报率逐渐下降到 6%~8%）的特点。社会资本投资 PPP 项目后，一项重要的工作便是融资，绿色 PPP 项目自然也不例外。面对动辄数亿、数十亿甚至上百亿元的投资，无论是资金实力雄厚的大型企业、上市公司，还是资金实力一般的中小企业，均需要借助外部资金的力量才能完成。进一步而言，大型央企、地方国企、外企和上市公司毕竟在环保企业中占少数，大型或者超大型节能环保企业数量占整个节能环保企业的比重不足 5%，规模 50 人以下的企业占比超过 90%。单靠大型或者超大型节能环保企业投资所有的节能环保 PPP 项目并不现实，也不符合国家大力引进各类社会资本尤其是民间资本投资 PPP 项目的初衷。

然而，社会资本在寻求外部资金支持的过程中，面临不小的困难，主要体现在：一是社会资本成立时间不长，自身资产规模不大，抵押物有限，难以满足银行贷款要求；二是 PPP 法规政策本身不健全，项目资产权属的法律性质有争议，信贷融资困难重重；三是银行、信托等金融机构要求的担保条件过高；四是从资本市场直接融资困难重重。

下面介绍一个光电锅炉集中供热节能环保 PPP 项目的案例。

【案例 6-2】

华北某市经济发达，工矿企业众多，人口超过百万。多年来，该市城区大部分企事业单位、居民采取的是小锅炉分散供热方式。与大型锅炉集中供热相比，小锅炉供热方式存在许多弊端：一是供热质量差、供热能力弱，无法满足人民群众的供暖需求；二是小锅炉大多数都没有配置有效的除尘装置和脱硫脱硝设施，污染物排放超标，导致环境污染严重。

为保障人民群众供热需求、改善城市大气环境，该市政府决定上马光电锅炉集中供热项目（以下简称“本项目”）。本项目具有节能减排、高性能、安全、应用面广、成本低、体积小巧、占地省等诸多特点，适用于量大面广的工业锅炉和替代无任何环保措施的广大农村散煤燃烧。

本项目总投资2亿元，项目前期以政府、学校、医院等事业单位老旧锅炉改造为主，后期逐步进入工厂和广大农村地区，替代以散煤燃烧为主的采暖煤炉。鉴于本项目投资规模大且技术性强，该市政府通过竞争性磋商和拥有光电锅炉国家发明专利技术的某节能环保公司以PPP模式下的BOT方式合作。该节能环保公司负责项目的设计、建设、运营、维护和移交，双方合作期限15年。双方签订PPP特许经营协议后，该节能环保公司需要贷款1.6亿元（投资额的20%为企业自有资金）。

该节能环保公司是国内一家刚刚成立3年的中小民营企业。本项目PPP特许经营协议签订后，社会资本方的贷款并不顺利：某银行要求该节能环保公司提供足额抵押、特许经营权的收益权质押，甚至需要当地大企业提供担保，等这家节能环保公司历经近半年时间费尽九牛二虎之力完成所有贷款手续后，该银行又指出上级银行担心“长投短贷”期限错配风险，贷款事宜又一次搁置……最后，在多方协调下，这家节能环保公司从该银行贷款5000万元，剩余资金再寻求别的方式解决。

绿色金融支持分布式光伏发电PPP项目的实践

公开数据显示，我国能源结构中煤炭消费占三分之二，在给定当量的情况下，燃煤产生的空气污染是清洁能源的十倍。绿色金融将逐渐改变我国能源消费结构，绿色金融对清洁能源、绿色交通等重点领域的支持将进一步加速我国能源消费结构的绿色升级。未来我国能源消费结构中煤炭消费比重将不断降低，同时清洁能源比重将随之增加。根据社科院发布的《世界能源中国展望 2014—2015》预计，中国 2020 年和 2030 年煤炭需求占比有望分别下降到 58% 和 50% 左右。

我国能源结构将向“绿色”转变

2016 年 11 月，国家发展改革委、国家能源局发布《电力发展“十三五”规划》(以下简称《规划》)，规划期为 2016 年到 2020 年，涵盖了水电、核电、气电、风电、太阳能发电等各类电源和输配电网。《规划》以 2020 年非化石能源消费比重达到 15% 为硬指标，要求力争将全国煤电装机规模控制在 11 亿千瓦以内。到 2020 年我国非化石能源装机占比将上升到 39%，气电装机占比提升到 5%，火电装机占比下降到 55%。《规划》提出，到 2020 年，太阳能发电装机达到 1.1 亿千瓦以上，其中分布式光伏达到 6000 万千瓦以上、光热发电达到 500 万千瓦。

分布式光伏发电迎来发展良机

绿色能源逐渐取代传统能源

绿色能源逐渐取代传统能源成为全球的共识，而分布式光伏发电越来越成为一种全球性的趋势。在欧美发达国家，家用光伏发电早已成了普通家庭的常用电。光伏发电是一种利用太阳电池半导体材料的光伏效应，将太阳光辐射能直接转换为电能的一种新型发电系统。目前，光伏发电在我国主要有三种运行方式，即并网、离网和混合运行。分布式光伏发电是指在用户场地附近建设，运行方式以用户自发自用、多余电量上网。分布式光伏发电遵循因地制宜、清洁高效、分散布局、就近利用的原则，充分利用当地太阳能资源，替代和减少化石能源消费，这是一种新型的、具有广阔发展前景的发电和能源综合利用方式。

我国分布式光伏将迎来发展的大机遇

数据显示，截至 2015 年年底，我国光伏发电累计装机容量 4318 万千瓦，其中地面电站装机容量 3712 万千瓦，分布式光伏发电装机容量 606 万千瓦。到 2020 年分布式光伏发电装机容量将达到 6000 万千瓦以上，五年时间装机容量将增长 10 倍。

分布式光伏发电优点很多，既有节能减排的社会效益，也有良好的经济效益。研究发现，家用分布式光伏电站每发一千瓦时电，就相当于节约标准煤 0.4 千克，减排二氧化碳 0.947 千克，具有非常明显的节能减排效果。以浙江某污水处理 PPP 项目为例，分布式光伏发电设备建设于该污水处理厂的屋顶及沉淀池、生化池和接触池等处，装机容量共 5MW，预定在 25 年的运营期内总发电量约 1 亿千瓦时，电力主要用于污水处理。[1]项目的环保效益非常高，相当于植树560多万棵。

分布式光伏发电在节能减排的同时，还能产生良好的经济效益。如上所述，分布式光伏发电站运行方式为用户自发自用、多余电量上网，既节省企业的发电成本，还能够通过多余电量上网产生经济效益。根据国家电网《关于印发分布式电源并网服务管理规则的通知》（国家电网营销〔2014〕174号）规定，分布式光伏发电的上网模式分为“自发自用、余电上网”和“全额上网”两种，两种模式的电价计算方法也不相同。在“自发自用、余电上网”模式下，“每度电自发自用部分电价=用户电价+0.42元（国家统一补贴，连续补贴20年，下同）+地方补贴（各地政策不一样，下同）”“余电上网部分电价=当地脱硫煤电价+0.42元+地方补贴”；而在“全额上网”模式下，电价全国统一，为每千瓦时1元。

绿色金融支持分布式光伏发电PPP项目

从全球发展情况看，目前，PPP模式主要运用在能源、电力、交通以及节能环保等领域。就我国而言，PPP模式在能源、交通运输、水利、环境保护、卫生、医疗、养老等公共服务领域都具有广阔的发展空间。

分布式光伏发电项目虽然社会效益和经济效益都较高，但投资额较

---

[1] 污水处理厂的主要运行费用是电费。污水处理厂在运行过程中，由于风机、水泵、曝气设备、电机等的使用，消耗大量电能，主要用于污水提升、输送和处理。

大，尤其是对分布式光伏发电 PPP 项目而言更是如此，因此需要金融机构的大力支持。而分布式光伏属于典型的清洁能源项目，符合绿色金融支持的范畴。如中国银行某市分行为某 4MW 光伏发电项目提供信贷支持，使得项目最终得以顺利完工，每年节约电能约 400 万千瓦时，节约煤 1300 多吨，减排二氧化碳 2500 多吨，减排二氧化硫和氮氧化物各 10 多吨，减排粉尘 20 多吨。国家开发银行贯彻绿色信贷政策，推动青海省光伏产业跨越式发展。建设银行河北省分行大力支持清洁能源项目，在省辖风、水、光力资源丰富的区域（张家口、承德、唐山、秦皇岛等）大力支持风力发电（包括海上风电）、水力发电和太阳能发电项目。截至 2016 年 10 月底，建设银行河北省分行风力发电、水力发电、光伏发电项目存量客户 70 户，较年初新增 12 户；贷款余额 156.82 亿元，较年初新增 17.16 亿元，增幅为 12.29%。

下面介绍一个绿色金融支持分布式光伏发电 PPP 项目的案例。

【案例 6–3】

2013 年年初，我国西部某市上马一个光伏发电项目（以下简称“本项目”）。本项目采取 PPP 模式下的 BOT 方式引进社会资本投资、建设、运营。通过公开招标，社会资本某光伏发电技术有限公司中标。政府与社会资本双方合作期限 20 年。本项目总装机容量 130MW，总投资 11 亿元。鉴于项目投资额大，该光伏发电技术有限公司需要通过银行融资。经过多次沟通，某商业银行对本项目采取绿色贷款的方式予以支持，以同期基准利率为基础，贷款利率下浮15%，贷款期限15年，以项目电费收益权作抵押。

绿色信贷加快绿色PPP落地

绿色信贷是指银行业金融机构利用信贷手段促进节能减排的一系列政策、制度安排及实践，是绿色金融体系的重要组成部分。绿色信贷有三个方面的核心内容：一是利用科学合理的信贷政策和手段（包括贷款品种、期限、利率和额度等）支持绿色企业或者绿色项目；二是对违反节能环保法律法规、造成环境污染以及高耗能高污染的企业或者项目采取停贷、缓贷，甚至收贷措施；三是贷款人（银行业金融机构）运用信贷手段引导借款人（企业）积极主动地开展节能减排、技术改造、绿色生产，并防止环境风险和履行社会责任。

“赤道原则”在绿色信贷中的应用

当前，绿色信贷在国际金融界已经成为一种共识和潮流。对绿色信贷而言，最著名、最重要的是“赤道原则”，这也是目前全球流行的自愿性绿色信贷原则，是国际项目融资的一个新标准（该标准要求金融机构在向额度超过1000万美元项目贷款时，须综合评估对环境和社会的影响，并利用金融杠杆手段促进项目与社会的和谐发展）。那些采纳了“赤道原则”的银行又被称为“赤道银行”。早在 2013 年，全球就已经有 35 个国家的 78 家金融机构采用“赤道原则”，几乎囊括了世界主要金融机构，项目融资总额占全球项目融资市场总规模的 86% 以上。

绿色信贷在我国的实践

与国际银行尤其是欧美国家大型商业银行相比，我国银行业金融机构在绿色信贷领域起步晚、绿色信贷产品品种少。不过，随着近年来我国经济转型和产业结构调整升级、加大环境治理力度、重点发展绿色产业，无论是经济环境、产业政策还是发展重点都发生了巨大的变化，绿色金融成为国家战略。在此背景下，国家开始大力建设绿色金融体系，加大对绿色经济、低碳经济、循环经济的支持力度，在短时期内取得了显著成果，绿色信贷也取得了长足的进展。

《中共中央 国务院关于加快推进生态文明建设的意见》要求推广绿色信贷，各部委纷纷出台支持绿色发展的政策，构建绿色信贷制度框架，并已初步形成政策合力。为鼓励和支持绿色信贷，我国开始构建绿色信贷制度框架，相继出台了一些规章和政策意见，且相关规章和政策在国际上都是发布较早的。例如 2007 年 7 月，由环保总局、中国人民银行和银监会共同发布的《关于落实环保政策法规防范信贷风险的意见》（环发〔2007〕108 号）出台，标志着我国绿色信贷政策的正式亮相。该文件主要内容为：各级环保部门要提供可纳入企业和个人信用信息基础数据库的企业环境违法、环保审批、环保认证、清洁生产审计、环保先进奖励等信息。各商业银行要将支持环保工作、控制对污染企业的信贷作为履行社会责任的重要内容；在向企业或个人发放贷款时，将企业环保守法情况作为审批贷款的必备条件之一。2007 年 11 月，银监会发布《节能减排授信工作指导意见》（银监发〔2007〕83 号），指出要大力发展绿色信贷，构建支持绿色信贷的政策体系。完善绿色信贷统计制度，加强绿色信贷实施情况监测评价。探索通过再贷款和建立专业化担保机制等措施支持绿色信贷发展。2012 年 2 月，银监会印发《绿色信贷指引》（银监发〔2012〕4 号），对银行业金融机构有效开展绿色信贷，大力促进节能减排和环境保护提出了明确要求。《绿色信贷指引》要求银行业金融机构从战略高度推进绿色信贷，加大对绿色经济、低碳经济、循环经济的支持，防范环境和社会风险，提升自身的环境和社会表现，并以此优化信贷结构，提高服务水平，促进发展方式转变。2013 年，银监会印发《绿色信贷统计制度》，明确每半年组织国内 21 家主要银行业金融机构开展绿色信贷统计工作，主要内容涉及落后产能、环境、安全等重大风险企业信贷情况。2015 年 1 月，银监会、国家发展改革委印发《能效信贷指引》（银监发〔2015〕2 号文件附件），要求银行业金融机构积极探索能效信贷担保方式创新，以应收账款质押、履约保函、国际金融机构和国内担保公司的损失分担（或信用担保）、知识产权质押、股权质押等方式，有效缓解节能服务公司面临的有效担保不足、融资难的问题，同时确保风险可控。2016 年 8 月，中国人民银行、财政部、国家发展改革委等七部委发布的《关于构建绿色金融体系的指导意见》，要求大力发展绿色信贷，构建支持绿色信贷的政策体系。完善绿色信贷统计制度，加强绿色信贷实施情况监测评价；推动银行业自律组织逐步建立银行绿色评价机制。通过银行绿色评价机制引导金融机构积极开展绿色金融业务，做好环境风险管理。

银监会率先建立全面的绿色信贷统计制度，主要统计内容包括以下四个方面：一是银行涉及落后产能、环境、安全等重大风险企业信贷情况；二是银行开展绿色信贷情况；三是绿色信贷的资产质量情况；四是系统性测算贷款支持的节能环保项目所形成的年节能减排能力。银监会还率先实施综合考核评价。2012 年 6 月，银监会印发《银行业金融机构绩效考评监管指引》（银监发〔2012〕34 号），规定银行业金融机构绩效考评指标包括五大类，即：合规经营类指标、风险管理类指标、经营效益类指标、发展转型类指标、社会责任类指标。2014 年 6 月，银监会印发《绿色信贷实施情况关键评价指标》（银监办发〔2014〕186 号），组织 21 家主要银行业金融机构开展绿色信贷实施情况自评价工作。

国家和地方的绿色信贷政策出台后，效果很快显现，部分环境违规企业受到银行信贷的限制。从我国绿色金融发展情况来看，未来绿色信贷仍将是绿色金融的主体。未来银保监会将进一步完善支持绿色信贷的政策体系，加快推进银行绿色评价机制的建立，支持和引导银行等金融机构建立符合绿色企业和项目特点的信贷管理制度，助力我国节能环保、清洁能源、绿色交通、绿色建筑等绿色产业的发展。

银行业金融机构支持绿色 PPP

加强绿色信贷授信审批管理

根据绿色 PPP 项目所面临的风险性质以及风险程度大小合理确定授信权限和审批流程。同时，银行应参照“赤道原则”，设立专门的环境和社会风险控制部门，对有环境影响的绿色 PPP 项目进行全流程管理，包括授信业务准入、尽职调查、放款审核和贷后监测等。

分批拨付资金，做好事中监管

调查发现，一些银行业金融机构为支持 PPP 项目，制定了严格的监管程序，如分批拨付资金、做好事中监管等。以事中监管为例，这是绿色信贷资金流向的重要阶段，为确保银行绿色贷款真实流向绿色 PPP 项目，银行业金融机构对于绿色 PPP 项目的建设、运营、维护等各个环节予以密切关注。同时，银行还设置环境风险评估预警指标，如果企业或者项目在建设和运营中间环节出现重大的环境风险隐患甚至产生严重的环境污染事故，银行可以临时中止信贷资金的拨付。此外，银行在每年年报中披露绿色信贷的相关情况，对那些如实、及时披露自身环境信息的绿色 PPP 项目给予一定的奖励和优惠政策，如延长贷款期限、降低贷款利率等，从而让社会资本披露环境信息成为常态化机制。

加强授信贷款事后的评估

如果银行支持的绿色 PPP 项目已经建成并开始运营，银行还应该对项目的环境等风险进行评估、测算，并总结经验教训，逐步完善银行在绿色信贷支持绿色 PPP 项目方面的评价体系。

借鉴国外先进经验

银行业金融机构应根据我国绿色 PPP 的实际情况，学习借鉴国外先进的绿色金融制度体系以及风险防范措施，通过对绿色企业、绿色项目的研究推出相关金融产品和服务。

复合型、专业化的 PPP 人才队伍是银行业金融机构发展绿色信贷的核心保障

银行可围绕 PPP 模式加强绿色金融人才队伍建设，提升从业人员的业务水平。调查发现，为更好地支持包括节能环保在内的绿色 PPP，国内相当多的金融机构正有效开展组织保障、人才、企业文化等方面的准备工作。

银行和评级公司在绿色 PPP 项目中引入环境风险因素

为更好地支持绿色 PPP 项目，建议银行和评级公司在绿色 PPP 项目评估中引入环境风险因素。环境影响报告不能泛泛表述，应有具体的量化指标；对于未来可能面临的声誉和法律风险，要有具体的应对措施。

下面来看三个相关案例。

【案例 6-4】

近年来，随着某市经济社会的快速发展，居民生活污水和工业废水不断增加，现有污水厂处理能力无法满足污水处理要求，城市环境受到污染，人民生产生活品质受到影响。鉴于此，该市计划新建一座污水处理厂。

考虑到市财政实力和 PPP 模式的诸多优点，2015 年年初，该市决定以 PPP 模式下的 BOT 方式新建一座污水处理厂（以下简称“本项目”）。本项目远期建设总规模为 12 万 m^3/d，其中近期 6 万 m^3/d，总投资约 8 亿元。本项目建成后，将有效消除和减少某市生活污水和工业废水对水环境的污染，实现该市的持续稳定发展。

经过公开招投标，社会资本某水务公司中标。在资金安排方面，该水务公司出资 2 亿元作为项目资本金，其余 6 亿元寻求银行贷款支持。

经过充分协商，该水务公司与某商业银行达成合作意向。一直以来，该商业银行十分重视社会责任，对节能环保、新能源、生态等绿色产业的支持力度很大。不过，该商业银行对绿色 PPP 项目本身的环保风险也十分重视，其贷款条件强调，如果项目涉及环境污染，社会资本要提供具有明确量化指标的环境影响评估报告，且对绿色 PPP 项目或社会资本未来有可能面临的声誉和法律风险要有应对之策。对此，该水务公司向银行提交了本项目在实施过程中和建成后运营过程中可能对环境造成的影响以及对策。

一、工程建设对环境影响

（一）对交通的影响

本项目建设时，由于土方、建筑材料的运输，使本项目周围道路的交通量增加，这种影响将随着工程的结束而消失。

（二）施工扬尘影响

本项目施工期间，构筑物要大开挖。挖掘出来的泥土堆放在施工现场，直至复土完毕，短则几个星期，长则数月。堆土裸露使大气中悬浮颗粒物含量骤增，施工扬尘给厂区内及附近的环境带来影响。

（三）施工噪声影响

本项目施工期间的噪声主要来自建设时施工机械运作、建筑材料运输、车辆马达的轰鸣及喇叭的喧闹声。夜间将产生严重的扰民问题，影响邻近居民的工作和休息。

（四）生活垃圾影响

本项目施工时，施工区内工人的食宿将会安排在工作区域内，生活废弃物若未得到妥善的安排，则会影响施工区的卫生环境，严重时会导致施工区暴发流行疾病，影响工程进度，同时影响附近居民。

（五）对地下水的影响

本项目建设中，将产生少量生活污水及垃圾、灰渣等。生活污水及垃圾的渗透水有可能会对地下水造成污染。

（六）弃土影响

施工期间将产生一些弃土，车辆装载过多导致沿程泥土散落满地；车轮沾满泥土导致运输公路布满泥土；晴天尘土飞扬，雨天路面泥泞，影响行人和车辆过往和环境质量。如果弃土处置地不明确或无规则乱放，将影响土地利用、河流通畅，破坏自然、生态环境，影响城市的建设和整洁。

（七）对林木的影响

由于建设中开挖土地的需要，施工场地上的树木将被挖除或移栽他处。树木被挖起、运输和移栽过程中，都可能导致一部分树木死亡，使绿化遭到破坏。

二、环境影响的缓解措施

（一）减少交通影响

本项目建设将不可避免地增加交通运输量，影响所在地区的交通。在制订施工方案时应充分考虑，对于交通特别繁忙的道路要求避开高峰时间。

（二）减少扬尘

为了减少工程扬尘对周围环境的影响，对当天挖出的弃土，应在表面洒水防止扬尘；对要存放的弃土应用草袋或尼龙编织布覆盖，防止流失。车辆驶出工地前应将轮子上的泥土冲洗干净，防止沿程弃土满地，影响环境整洁。应对工地门前的道路环境实行保洁制度，一旦有弃土、建材散落应及时清扫。

（三）施工噪声的控制

为减少施工噪声对周围居民的影响，工程在距居民住宅200m的区域内每天晚上十时后至次日上午六时前停止施工。尽量采用低噪声机械，应对施工机械采取降噪措施和声障类装置，保证居民区的声环境质量。

（四）施工现场废物处理及防渗漏措施

为保护地下水，对临时膳宿的污水管道、厕所、化粪池等采取防渗漏措施，及时清理施工现场的生活废弃物；防止垃圾渗透液污染地下水；对施工人员加强教育，不随意乱丢废弃物，保证工人工作生活环境卫生状况良好。

（五）倡导文明施工

要求施工单位尽可能地减少在施工过程中对周围居民、工厂、学校的影响，提倡文明施工，做到“爱民工程”，组织施工单位、街道及业主联络会议，及时协调解决施工中对环境的影响问题。

（六）制订弃土处置和运输计划

制订弃土处置计划，弃土用于道路填方和周围企业建设的“三通一平”。按规定路线运输，按规定地点处置弃土和建筑垃圾，不定期地检查执行情况。施工中遇到有毒有害废弃物，应暂时停止施工，并及时与地方环保、卫生部门联系，经相关部门采取措施处理后才能继续施工。

（七）外环境的保护

严格执行施工管理措施，施工过程应注意堆积土方的覆盖和喷淋，防止因风扬尘。施工结束后在污水处理厂厂区内及周围进行绿化，做好地表植被和公路地面恢复工作，对施工过程中破坏的植被进行恢复，改善区域生态环境。

【案例 6–5】

一、项目背景

某县位于华北北部。近年来，该县逐步发展成为以采矿工业为主的工业体系。该县排水系统存在的主要问题是：合流制管道不能满足城市环保要求，不利于污水集中处理；排污管网不健全，部分污水未接入市政管道；部分工业废水未经处理直接排放，污水水质严重超标。部分有污水处理设施的单位因资金短缺和管理不善，设备运行不稳定，污水处理程度低；城区无集中的污水处理厂，未经处理的生活污水和大部分工业废水直接排入县河，造成县河水体严重污染，臭气散发，对城区环境造成严重影响，同时破坏下游水库水质，对下游居民饮用水质和农田灌溉影响很大。水污染已成为制约该县经济和社会发展的关键因素。

2010 年，该县政府决定新建一座污水处理厂（以下简称“本项目”）。

二、基本情况

本项目建设内容为由 11 个水池及 5 座单体附属用房组成的厂区，采用改良 A2O+V 型滤池工艺，处理排放标准为《城镇污水处理厂污染物排放标准》（GB18918–2002）一级 A 标准，处理规模 6 万吨 / 日。本项目总投资额为 1.2 亿元。

三、合作模式

按照 PPP 操作流程，经过公开招投标程序，该县人民政府与社会资本某水处理公司以 BOT 方式合作。具体操作方式为：该县国有水务公司代表该县人民政府与社会资本某水处理公司共同成立PPP项目公司，其中，该县国有水务公司占股20%，社会资本某水处理公司占股80%。PPP项目公司负责本项目的设计、投资、融资、建设、运营及维护，该县人民政府授予PPP项目公司特许经营权，特许经营期限为25年。社会资本投资回报采取“使用者付费＋政府补贴”模式。

四、节能效果

本项目采用高效节能、简便易行的工艺技术，确保污水的处理效果，减少工程投资和日常运行费用。节能设计范围：细格栅间、加药加氯间、综合楼、污泥脱水机房、粗格栅间、变配电间、鼓风机房、锅炉房、传达室。选用改良AAO工艺，既有良好的除磷脱氮效果，又比其他工艺更节能；选用高效率的潜水污水泵、潜水轴流泵。个别水泵上安装变频控制器，节约能耗，提高效率；选用高效率的鼓风机，运行时根据污染物负荷，池中的溶解氧浓度及时调整鼓风机开启台数，减少能耗；合理计算各构筑物之间水头损失，控制能耗；在V型滤池上设置水头损失仪，根据实际水头损失大小，控制滤池反冲，减少滤池运行能耗。

五、融资情况

本项目总投资额为1.2亿元。PPP项目公司自有资金3000万元，剩余9000万元向银行业金融机构融资。经过多轮谈判，某商业银行给予本项目绿色贷款支持。

六、综合评价

本项目为城市基础设施建设项目，建设期为24个月，项目建成后社会效益和经济效益明显。

（一）社会效益

一是城市排水规划和环境保护规划得以顺利实施，该县的污水处理系统更加完善；二是该县地表水环境得以改善，人民群众生活环境质量得到提高；三是整个城区及下游范围农业用水质量得到提高，为下游地区提供水源保护；四是创造良好的投资环境，有利于该县经济社会可持续发展。

（二）经济效益

本项目建设期为 2 年，第 3 年投产并达到设计生产能力的 100%。

由于本项目具有明显的社会效益和节能环保效益，某商业银行给予本项目绿色贷款，利率低于同类项目，本项目财务基准收益率为 9.3%，社会资本某水处理公司经 11 年左右收回投资，纯收益时间为 12 年（特许经营期限为 25 年，建设期 2 年）。

【案例 6-6】

近年来，随着工业化、城镇化建设步伐的加快，我国经济社会快速发展，与此同时，城市生活垃圾亦迅速增加。由于我国许多大、中城市生活垃圾未进行集中处理，导致“垃圾围城”现象日益严重。垃圾问题在污染城市环境、影响人们生活质量的同时，也制约了城市经济社会的可持续发展。

某市为省会城市，经济发达，每年产生的生活垃圾量超过 100

万吨。多年来，该市生活垃圾以填埋为主。然而，填埋方式已经不能满足该市生活垃圾处理的需要，“垃圾围城”现象越来越严重，城市环境受到污染。因此，该市政府决定以PPP模式下的BOT方式新建一座大型生活垃圾焚烧发电厂（以下简称“本项目”）。

本项目总投资约10.8亿元，经该市政府公开招标，某环保公司中标，双方以BOT方式合作。本项目特许经营期限20年，该环保公司投资回报主要来自两部分：一部分是垃圾处理费用，由政府直接给予补贴，企业不另收费；另一部分来自焚烧发电所产生的发电、供热等收益。

本项目位于该市垃圾无害化处理中心内，占地约60亩，日处理垃圾2000吨，全厂设2条处理能力为1000吨/天的焚烧线；装机容量为30MW（2×15MW）；年运行时间按8000小时计，设计年发电量为2.6亿kW·h，可服务人口200多万。本项目日均发电达70多万kW·h，可供3500户家庭使用一个月。本项目技术原理为利用余热转换成蒸汽发电、供热，尾气排放达到国际先进水平，污水实现“零排放”，废渣循环再造成砖，灰渣按照国家环保规定处理。

该环保公司在与该市政府签订PPP特许经营协议后，项目融资成为当务之急。在前期与某商业银行洽谈的基础上，该环保公司获得了该商业银行绿色信贷的支持，贷款额度约8亿元，利率较同类贷款优惠（此前该环保公司与多家银行接洽，部分银行由于对垃圾焚烧发电项目了解不够，对企业的贷款申请过于谨慎，导致该环保公司在前期推进本项目的过程中行动较为迟缓）。

分析该环保公司获得该商业银行绿色信贷的原因，除了公司自身属于节能环保行业国家重点支持、多年来一直致力于我国的环保事业、严格遵守环境保护法律法规并依法披露环境信息、银行信用等级较高外，本项目在社会效益和经济效益方面的突出特点也是一大因素：一是解决了该市“垃圾围城”所造成的空气污染、土壤污染和水污染问题，大大改善了该市的环境质量和人民生活水平，避免了环境污染事件的发生；二是本项目设计年发电量为2.6亿kW·h，具有明显的节能效益；三是缓解政府的财政压力，同时发挥自身优势有效控制成本，提高建设和运营效率；四是社会资本投资收益较为理想，投资收益率为8.9%，符合PPP项目“盈利不暴利”的原则。

最终本项目在绿色信贷的支持下建成运营，目前运作良好，包括政府、社会资本、金融机构和人民群众在内的各方主体都非常满意，对其他垃圾焚烧发电PPP项目来说具有较大的借鉴意义。

绿色债券助力环保PPP

绿色债券并不是新的融资债券品种，在发行主体、结构上与普通债券并没有什么不同。对于企业而言，绿色债券主要是为企业开辟新的融资渠道和节省融资成本，在我国大力推广PPP的当下，可以促进社会资本积极介入节能环保、清洁能源、绿色交通运输、绿色建筑等绿色PPP项目。

环保企业发行绿色债券

自 2016 年以来，我国环保企业的绿色债券发行工作风生水起，绿色债券成为环保类企业的重要融资工具。这些环保企业既有地方国企、央企，也有民企；既有上市公司，也有非上市企业。例如 2016 年 8 月，北控水务集团有限公司发行绿色熊猫债券[1]，此后博天环境集团有限公司、北京清新环境技术股份有限公司、中国节能环保集团公司等环保类企业都陆续获批发行绿色债券（见表 6–1）。

表 6–1　部分环保企业发行绿色债券情况

发行时间	发行主体	债券内容
2016 年 7 月	北控水务集团有限公司	香港联交所上市公司北控水务集团有限公司发布就有关中国证监会批准公司向中国境内合格投资者公开发行金额不超过 47 亿元（人民币，下同）的熊猫债券的公告。本期熊猫债券将分期发行，计划在上海证交所上市。首次发行总额 40 亿元。本期绿色公司债券募集资金将全部用于首批省级落地签约 PPP 项目之一的“洛阳水系综合整治示范段工程项目”。洛阳水系综合整治示范段工程 PPP 项目包含洛河及其支流瀍河两部分，其中洛河段全长约 5.5km，瀍河段全长约 5.2km。工程建设内容主要包括景观提升、亮丽工程、生态整治、监控预警信息化系统。项目建成后，将有效改善河道水质、保存物种、提供水生动物栖息地等生态效益和提升河道行洪能力

❶ 由境外非金融企业在境内发行的专门用于绿色项目的人民币债券，俗称“绿色熊猫债券”。

续表

发行时间	发行主体	债券内容
2016年9月	中国节能环保集团公司	央企首只绿色公司债——中国节能环保集团公司（以下简称“中节能”）发行的2016年绿色公司债券（第一期）正式挂牌上市。中节能此次绿色公司债注册规模50亿元，是迄今国内注册规模最大的绿色公司债。第一期债券发行规模为30亿元。募集资金投资用于四大类领域的22个绿色环保项目，是当时覆盖领域最广的绿色融资产品
2016年10月	北京清新环境技术股份有限公司	北京清新环境技术股份有限公司发行不超过10.9亿元绿色债券。所筹资金投向：3.3亿元用于莒南县域利用力源电厂余热回收集中供热及保障性住房（棚户区改造）供热配套工程项目，2.2亿元用于大气治理核心装备生产项目，5.4亿元用于补充营运资金
2016年10月	格林美股份有限公司	格林美股份有限公司发布公告称，该公司获国家发展改革委批准发行不超过5亿元的绿色公司债券，债券期限7年，采用固定利率形式，单利按年计息。本期债券第5年末附设发行人调整票面利率选择权和投资者回售选择权。本期债券募集资金中的7385万元用于年产5000吨镍钴铝三元动力电池材料前驱体原料项目，6860万元用于荆门市格林美新材料有限公司动力电池用氢氧化锂和碳酸锂材料项目，25755万元用于车用镍钴锰酸锂三元动力电池材料及其他配套废水综合利用系统，1亿元用于补充营运资金

环保企业发行绿色债券的好处在于一是拓宽企业融资渠道，优化企业融资结构，为节能环保等绿色PPP项目加速落地提供资金支持；二是降低融资成本。近年来，随着大批企业进入环保领域，环保类PPP项目压价现象严重，利润率普遍下降。因此，如何降低投融资成本、使用低成本融资工具、创新投融资机制成为社会资本关注的重点。分析认为，由于目前我国绿色债券发展尚处于探索阶段，相对于普通债券来说发行

量较小，成本优势暂未显现。未来随着我国环保企业不断壮大、成熟，投资者的环保责任和社会资本不断增强，环保企业发行绿色债券的融资成本会越来越低。

下面是一家环保企业发行绿色债券投资一个污水处理 PPP 项目的案例，具有一定的典型性。

【案例 6-7】

2016 年 11 月，一直专注于环保 PPP 项目的国内某环保水处理企业决定发行一只“绿色债券”，计划募集资金 1 亿元，资金投向为在某市新建一座污水处理厂。

近年来，随着该市的快速发展，现有污水处理能力远远无法满足居民生活污水和工业废水处理，从而严重制约了该市经济社会的可持续发展，新建一座污水处理厂的需求十分紧迫。2015 年年初，该市政府决定新建一座污水处理厂（以下简称“本项目”）。经过一系列 PPP 运作流程，社会资本某环保水处理企业中标。本项目规模为污水处理量 5 万吨 / 日，管网工程截污管道约 40 千米，污水支管 100 千米，项目总投资约 1.6 亿元。社会资本某污水处理企业出资 5000 万元作为自有资金，剩余资金通过对外融资解决。

本项目能够缓解该市水资源紧缺问题，通过先进技术节能降耗，保护该市生态环境，提高人民生活质量，实现该市经济社会可持续发展。该环保水处理企业计划发行“绿色债券”，主要原因在于：一是能够打通融资渠道，缓解PPP项目的资金缺口；二是“绿色债券”较普通债券利率更低，社会资本融资成本更低，有助于实现PPP项目更高的收益率。

在具体的节能降耗和环保上，该环保水处理企业决定采取如下措施，获得了绿色债券发行监管部门、承销商和广大投资者的认可。

一、本项目能耗

本项目能耗包括：污水、污泥处理设备的电耗；生活及照明等能耗；化学除磷所需的药耗；生产、生活及消防用水。

二、本项目工艺选择

污水处理工艺的选择根据设计进水水质、处理程度要求、用地面积和工程规模等多因素进行综合考虑。选择合适的污水处理工艺，不仅可以降低工程投资，而且有利于污水处理厂的运行管理以及减少污水处理厂的常年运行费用，保证出水水质。本项目污水处理工艺的选择力求做到：

（1）出水水质应满足国家和地方现行的有关标准、法规。

（2）近远期结合、全面规划。部署上采用以近期工程为主，远期控制发展，并为远期规划留有余地的原则。根据发展建设情况分阶段逐步实施，更好地发挥投资效益。

（3）充分考虑污水处理厂进水水质指标和要求处理达到的出水水质指标，并考虑污水排放现状、受纳水体的环境容量与可利用情况，经比较决定优先采用能耗低、运行费用低、基建投资少、占地省、操作管理简便的成熟处理工艺。

(4) 重视环境、臭气的防护以及噪声的控制。

三、节能设计范围及技术措施

为降低建设和未来运营的成本，本项目大量使用节能技术，主要包括以下几个方面：

(一) 技术措施

对整个系统按照环境系统工程学的原理进行优化，合理确定污水厂设备的数量和组合。污水管网的布置尽量考虑地形因素，减小管道埋深和动力提升，从而从系统上降低能耗。管线综合的基本原则是：污水、污泥工艺管道流程顺畅，平面布置在保证管线功能的前提下使管线尽可能短；竖向布置在满足最小覆土深度要求的条件下使各种管线埋深尽可能浅；当管线交叉时，原则上压力管道让重力管道，小管道让大管道，高程布置将电力、自控、通信线路及管沟放在最上层，中层是给水管道、小口径污水、污泥压力管道，最下层是大口径污水、污泥管道、厂区内雨污水排水管道。在合理情况下，对污水厂尾水预留了重复利用的接口，从而提供了后期节约水资源的技术基础。

(二) 设备措施

污水处理系统均采用节能型设备，并结合自动控制系统对设备的开停进行精密控制，降低能耗。设计中考虑采用高效、节能型设备，对水泵考虑加设变频设备，并按规划期 2020 年流量安装水泵降低电耗。

（三）管材选用

通过技术经济比较，大部分选用HDPE管，这种管材内壁光滑，摩阻系数n=0.010~0.009，水流流经管道的水头损失要比混凝土管小，对重力流管的位能消耗也相对减少，可以为污水管网形成重力流提供良好的条件。

（四）运行措施

在运行中需要根据水量合理调度，近远期管线水泵损失相差较大，设备按近远期两种工况选用，并且精心保养设备，使设备处于良好状态。项目建成后，主要运行费用是电费，电耗主要用于污水提升、输送和处理。降低运行费用的重要手段是通过节能措施来降低电耗，本项目将通过以下措施降低电耗：

采用合理的照度标准和照明控制方式，选用高效光源及节能型灯具，节省照明用电。厂区道路照明采用感光自动控制，建筑物内灯具控制根据生产要求及自然采光情况分组控制。合理控制窗墙比，采用可见光透射比较高的玻璃窗，充分利用自然采光，减少照明开灯时间。

对配电网进行无功补偿，按要求配备无功补偿装置，提高设备的运行功率因数，保证功率因数不低于0.95，以减少无功功率在线路上的传输，降低线损。

选择低能耗的节能型配电变压器，并使变压器处于合理的负载区间和能耗最小的经济运行方式，可大幅度降低变压器损耗。

罗茨鼓风机是全厂能耗的主要设备，采用专业控制系统并根据运行中积累的科学数据，结合池内溶解氧参数，控制空气的流量；通过反应池空气流量控制设备，将所需的压力参数传给鼓风机控制柜，调节鼓风机的开启台数和导叶片角度，从而调整供气量，保证气量的均匀、适量，避免过度曝气造成的浪费。

污水处理厂出水充分回用于脱水机冲洗、厂区绿化、道路浇洒、冲洗车辆等，减少新鲜水用量。在满足生产要求和环境保护的前提下，尽量减少补充水量。

四、节能效果

采取节能措施后，本项目经济社会效益明显。污水处理、污泥处理为收费处理项目，每年新增污水处理费收入约 4500 万元，新增污泥处理费收入约 3500 万元。同时，污水处理厂、污泥处理厂、雨水调蓄系统和污水管网运行维护将新增就业岗位约 700 个。根据本项目节能评估报告书，本项目年综合耗能折标煤估算为 7950 吨（等价值）、3750 吨（当量值）。经综合评估分析，本项目符合国家有关节能法律、法规、规章和绿色产业政策，达到了行业节能的标准和设计规范，资源综合利用较好。

2016 年 10 月，博天环境集团股份有限公司（以下简称“博天环境”）成功发行绿色公司债券，成为我国绿色金融发展进程中的标志性事件，其意义在于打通了民营企业低成本融资的渠道（票面利率为 4.67%，此利率创 AA- 民营企业公司债利率新低纪录），大大激发了民间资本参与 PPP 的积极性。

公开资料显示，2016 年 10 月 11 日，博天环境在上海证券交易所公开发行绿色公司债券，由此成为中国非上市民营企业“绿色债券”第一单。博天环境本次发行的绿色公司债券金额为 3 亿元（采用一次性发行方式），期限为 3+2 年，票面利率为 4.67%，主体评级为 AA-，债项评级为 AAA、担保方为中合担保。牵头主承销商和簿记管理人为西部证券，联席主承销商为中信建投。安永华明会计师事务所针对博天环境绿色产业项目实施了第三方独立认证，并出具债券发行前独立有限认证报告。博天环境发布公告称，本次绿色公司债券募集资金拟用于 4 个污水处理厂建设项目，具体项目投资情况见表 6-2。

表 6-2　博天环境绿色公司债券募集资金拟投项目

序号	公司名称	项目名称	项目投资总额（万元）	本次募集资金投入总额（万元）
1	灵宝博华水务有限公司	灵宝市第三污水处理厂及配套管网项目	14278.40	9000.00
2	原平市博华污水处理有限公司	原平市循环经济示范区污水处理厂项目	16718.44	10500.00
3	石嘴山市通用博天第一水务有限公司	石嘴山经济技术开发区东区工业污水处理厂项目	7401.84	4500.00
4	石嘴山市通用博天第二水务有限公司	宁夏精细化工基地污水处理厂项目	9004，92	6000.00
合计			47403.60	30000.00

博天环境发行本期绿色公司债券是我国绿色金融发展进程中的重要事件，为急需资金支持快速发展的非上市民企以低成本方式绿色融资树立了榜样和标杆。对当下急需进入 PPP 领域尤其是绿色 PPP 领域的民间资本来说，具有里程碑式的意义。

金融机构发行绿色债券

2016 年 3 月，上海证交所正式发布《关于开展绿色公司债券试点的通知》（上证发〔2016〕13 号），明确将对绿色公司债券进行统一标识，以鼓励符合条件的各类机构投资者投资。2016 年 4 月，深圳证交所发布《关于开展绿色公司债券业务试点的通知》（深证上〔2016〕206 号），鼓励政府相关部门和地方政府出台优惠政策支持绿色公司债券发展，鼓励各类金融机构、证券投资基金及其他投资性产品、社会保障基金、企业年金、社会公益基金、企事业单位等机构投资者投资绿色公司债券。证券交易所开展绿色公司债券业务，将引导市场资金向绿色环保 PPP 项目倾斜，有助于操作 PPP 项目的社会资本通向资本市场的“快车道”。

随着中国人民银行、证监会、证交所等部门相继发文对绿色债券进行引导和规范，金融机构开始积极实践绿色债券的发行，以助力环保 PPP。公开资料显示，2016 年年初，某银行业金融机构发行境内首单绿色金融债券，发行规模为 200 亿元，债券期限为 3 年，年利率为固定利率2.95%，该绿色金融债还获得了2.02倍的超额认购。该绿色金融债重点投放领域为雾霾治理、污染防治、资源节约与循环利用相关的重大民生项目以及具有重大社会影响力的环保项目，重点投放区域为京津冀、长三角、环渤海、珠三角等我国经济发达地区，项目类型将覆盖《绿色债券支持项目目录》六大类中的深绿项目。

绿色基金支持低碳高速公路PPP项目的实践

经过二十多年的持续快速发展，我国已建成世界上规模最大的高速公路系统。作为国民经济的重要基础，高速公路在建设和运营过程中消耗大量能源和排放大量温室气体，对生态环境造成影响，高速公路发展走低碳可持续发展的道路迫在眉睫。低碳高速公路，主要是按照三低三高（低能耗、低排放、低污染和高效能、高效率、高效益）的核心价值理念，将绿色低碳理念贯穿规划、设计、施工、运营、养护等各阶段，运用全生命周期理论进行科学规划设计，在建设施工过程中采取新材料、新工艺、新方法、新能源，在运营养护阶段采用节能减排措施。下面介绍一个高速公路PPP项目的案例，该项目以绿色低碳为理念，全过程采用绿色低碳技术，全方位进行绿色低碳管理，实现了高效能、高效率和高效益。

【案例 6-8】

某市既有享誉国内外的旅游资源，又有开采价值很高的矿产资源尤其是煤炭资源。由于该市交通基础设施较为薄弱，很大程度上影响了该市与周边地区尤其是与省会城市的交流，制约了该市的经济社会发展。因此，该市政府决定采取 PPP 模式新建一条通往省会城市的高速公路（以下简称“本项目”）。本项目建成后，具有重要的社会效益和经济效益：改善该市交通运输条件，大大缩短与省会城市及沿线城市的时空距离，方便人民群众出行；给当地矿产资源开发、运输创造良好条件；有利于降低物流成本；提升当地投资环境，有利于当地政府吸引投资；有利于该市及沿线地区旅游资源的开发，促进旅游业的发展。项目按照低能耗、低排放、低污染和高效能、高效率和高效益的核心价值理念设计、施工、运营，树立一个低碳高速公路 PPP 项目标杆。

本项目路线全长约 28 公里，总投资约 33 亿元，建设期两年半。经过一系列 PPP 流程，某绿色交通运输基金采取入股方式和某公路工程公司、某交通规划勘察设计公司共同组成联合体，各方共同出资成立具有独立法人资格的 PPP 项目公司，项目运营期限 25 年。PPP 项目公司主要负责本项目的投资、建设和运营管理，并享有本项目特许经营期内的车辆通行费收费权、区域内广告经营权以及停车服务经营权等主要权利。以下为本项目环境影响分析及节能效果分析：

一、环境影响分析

（一）生态环境影响分析

1. 施工期对植被的影响。一是永久占地造成的植被永久性生物量损失；二是临时占地造成地表植被暂时性破坏，植被恢复需要一定时间。本项目用地总规模约360公顷，主要包括农用地约300公顷、建设用地约10公顷；拟占用未利用地约50公顷。

2. 项目营运期植被影响。主要为汽车尾气及交通车流造成的扬尘污染，在采取有效绿化措施及公路路况良好的情况下，对周边植被不会造成较大影响。

3. 项目建设对沿线野生动物的影响。本项目施工期大量的人流车流涌入，会进一步加深人类活动对于野生动物的影响。除少数与人类活动密切相关的动物外，多数野生动物会采取趋避的方式远离施工区域。本项目道路阻隔主要影响对象为两栖类和爬行类等活动能力较差的动物类群，由于本项目为全封闭式高速公路，对上述两类野生动物阻隔效应明显，桥梁、隧道和涵洞的设置可为这些动物提供有效的通道，有助于降低这种阻隔效应。

4. 项目建设对沿线珍稀保护动植物的影响。本项目评价范围（公路中心线两侧300m）内共发现达到国家保护标准的古树10株。从保护古树的角度出发，尽量避免对古树的移栽，采取原地加护栏的保护措施。如果线路无法避让，需要采取异地移栽的保护措施加以保护。

（二）声环境影响分析

1. 施工期噪声影响。本项目施工中将使用多种大中型设备进行机械化施工作业，噪声值高且无规则，对施工场地附近的村镇、学校等声环境敏感点产生较大影响。为减轻施工噪声对敏感点的影响，施工单位应根据场界外敏感点的具体情况采取必要的降噪措施。

2. 营运期噪声影响。运营时汽车运行产生的噪声是最主要的公路污染源之一。随着本项目建设完成后交通量的逐步增加，其等效声级也会逐步增大，对沿线敏感点的影响也有加强的趋势。根据环评噪声预测结果对敏感点有针对性地采取设隔音墙、隔声窗等措施，降低公路建设对声环境的影响。

（三）地表水环境影响分析

1. 施工期水环境影响。本项目施工期对沿线地表水体的影响主要包括跨河桥、涵施工，施工营地生活污水，路径路面施工生产废水排放以及建筑材料运输与堆放对水体的影响等。

（1）跨河桥、涵施工作业对水环境的影响：一是工程在河中均无桥墩基础施工，但河流附近钻孔灌注桩泥浆在循环过程中往往会由于钻渣的沉积，导致沉淀池中泥浆淤积产生溢洒，造成对周围水体的污染；二是跨河桥、涵施工机械设备漏油及机械设备维修过程中的残油若直接排入水体，将会对水体造成一定的油污染；施工时物料、油料等堆放在两岸，若管理不严，遮盖不密，则会在雨季或暴雨期受雨水冲刷进入水体；施工垃圾等固体废物分散堆放，可能进入水体造成污染。

（2）建筑材料运输与堆放对水体环境的影响。路基的填筑以及各种筑路材料的运输等产生的粉尘随风飘落到路侧的河流中，尤其是靠路较近的河流，将会对河流产生一定的影响。

（3）路基路面施工生产废水。在路基开挖、填筑、路面铺设等施工过程以及施工机械运行中将产生一定量的施工废水。如不采取相应措施加以防护，流入河流等水体将会对其水质产生一定的影响。

（4）隧道施工生产废水。隧道施工废水主要有施工过程中产生的岩粉和其他颗粒尘土、隧道内各种工程机械渗漏油以及隧道涌水带出的地层泥浆、泥沙等，如果任其排放，可能污染附近河流等地表水体。

（5）施工营地生活污水影响。由于各施工营地使用期长，施工人员相对集中稳定，产生的生活污水若直接排入周边水体会对环境产生一定影响。

2. 营运期水环境影响分析。本项目建成运营后，随着交通量的逐年增加，沉降在路面上的机动车尾气排放物、汽车泄漏的油类以及散落在路面上的其他有害物质也会逐年增加。上述污染物一旦随降水径流进入水体，将对水体的水质产生一定影响。

（四）环境空气影响分析

环境空气的影响主要表现在公路运营期汽车尾气污染以及空气中的扬尘所产生的影响。此外在施工期内某些施工机械、汽车运土、爆破开挖等会产生扬尘污染。本项目沿线环境空气质量现状好，大气环境容量较大，所在区域植被茂密，总体上汽车尾气对环境空气的影响不大。采取在隧道通风口和隧道出入口周围种植生命力强、耐污染的树种等措施，可降低汽车尾气污染物对植物、植被的影响，对周围大气污染物起到净化作用。施工期可通过合理布置场地、加强管理等措施来减少对环境空气的影响。

二、生态环境保护措施

严格遵照环境保护“三同时”原则进行公路建设，为了使项目的建设能够与环境保护有机结合起来，可在设计期、施工期、营运期分别采用如下一些措施：

（一）设计期环境保护措施

合理的规划设计是做好工程建设环境保护最根本的手段。本项目在设计过程中，严格按照《公路建设项目用地指标》进行设计，尽可能减小对生态环境的影响。

（二）施工期环保对策措施

施工期是工程的实施阶段，也是极易导致生态环境破坏的一个时期，水土流失、植被破坏主要发生在这个阶段。按照环境保护“三同时”的原则，各项主要环境保护措施均须在此阶段实施完成。

1. 施工期植被保护与恢复措施。开工前对施工临时设施的规划要进行严格的审查，以达到既少占农田、林地，又方便施工的目的。严格控制路基开挖施工作业面，避免超挖破坏周围植被。工程施工过程中，严格按设计要求将弃渣运往指定的堆放场地，禁止随意堆弃。

2. 野生动物保护措施。宣传野生动物保护法规，打击捕杀野生动物的行为。做好工程完工后生态环境的恢复工作，以尽量减少植被破坏对动物栖息地的不利影响。

（三）营运期环保对策措施

主要的工作是对运行汽车的管理和持续进行一些植被恢复、绿化美化的工作。依法管理、适时监测是营运期减轻环境污染的重要措施。及时实施道路两侧的绿化工程，并加强对绿化植物的管理与养护，保证成活。尤其应注意在景观敏感的跨越河流处采取相应的绿化措施，协调桥梁和河畔景观。强化道路沿线固体废弃物污染治理监督工作，要求运输含尘物料的汽车加盖篷布。

（四）营运期动物保护措施

本项目动物保护重点为：两栖类和爬行类，由于高速公路为全封闭式公路，两栖类、爬行类动物栖息地被切割会阻碍其种群间的交流。营运期应注意涵洞两侧的绿化保护，通过涵洞两侧的绿化带可对动物形成引导通道，有利于动物自绿化带穿过涵洞，从而降低高速路修建的阻隔影响。

（五）景观环境保护措施

景观保护重在设计，应在设计初期就针对特殊的景观保护点和区段采取针对性的设计，使道路景观与沿线各个类型景观相互协调。

三、节能措施

（一）工程建设期间的节能管理

高速公路工程建设阶段对汽油、柴油、电力的消耗，主要集中体现在路基工程、路面工程、桥梁工程、隧道工程等方面的施工上。本项目能源消耗情况如下：消耗汽油350吨，柴油18900吨，用电量

13380 万千瓦时。因此，应加强建设期间的节能管理。主要措施如下：

1. 公路管理机构的节能管理。制定并实施节能管理工作规章制度，对施工机械的能源消耗实行定额管理。

2. 施工单位节能管理。施工时通过合理施工组织，提高机械使用效率，可以适当减少能源消耗；确定合适的取弃土场，减少取弃土运距等，均能显著减少取弃土和油耗；建立健全能源消耗原始记录和设备能耗台账，按照交通运输部《能源统计报表制度》的规定，向上级报送能源消耗报表，同时应报送统计分析报告；加强机械施工组织及设备管理，提高能源效率；

3. 重点耗能设备用能管理。购置或新造重点耗能设备时，应本着选用能耗低、效益高、技术先进的原则。对购置或新造、设计的机型提出节能要求，同时对机械设备的技术先进性、能耗水平和经济效益等进行评估、审查。

（二）道路运营设施节能设计

本项目运营期间能源消耗主要是隧道的通风和照明用电，节能可通过以下优化设计手段来实现：充分比选出经济实用、能耗低的通风方案；设备选型上尽量采用节能型设备；优化监控管理方案，尽量避免隧道内出现交通阻滞状况；在照明供电设计上尽量采用先进技术，提高供电效率，延长使用寿命。隧道通风及照明设备优先选用节能设备和节能灯具，充分利用太阳能等可再生能源。

本项目营运期内累计可节约燃油约 11 亿升，折合为 126 万吨标准煤，节能效果较为显著。

发展绿色证券，支持绿色 PPP

国内外绿色证券发展情况

绿色证券是指上市公司在上市融资和再融资的过程中，要经由环保部门进行环保审核的证券。公开资料显示，绿色证券制度是在 1992 年联合国环境与发展会议后，在可持续发展理念被广泛接受的背景下逐步发展起来的。从 1993 年开始，美国证券管理委员会要求上市公司从环境会计的角度对自身的环境表现进行实质性报告。此后，英国、日本等国政府和欧盟等国际组织进行了多种证券市场绿色化的尝试和探索。

调查发现，在我国，面对严重的环境污染问题和企业违法、违规排放行为，单靠行政手段（如曝光、行政罚款等）力度不够、效果不佳。相反，污染企业在交完行政罚款后，转而将这些“支出成本”转化成生产成本，从而推高销售成本，最终由消费者为企业的环境污染罚款买单，并没有从根本上达到限制企业污染环境的目的，反而陷入了“环境污染—行政罚款—推高产品价格—消费者买单—环境污染”的恶性循环。此外，公众普遍认为，上市公司在管控机制、社会责任、经济贡献等各方面都强于非上市企业，因此，一旦上市公司在资本市场融资后造成环境污染，其造成的负面影响远超非上市企业。为阻止那些环境高风险的涉污上市公司通过资本市场直接融资，降低其扩大污染的概率，有必要发展绿色证券，严格环保审核，这是解决环境污染，发展绿色经济、低碳经济和循环经济的重要途径。

继绿色信贷、绿色保险政策之后，绿色证券是监管部门从企业融资的角度推出的限制环境污染、发展绿色产业的又一重要举措。我国绿色证券开始于2001年国家环境保护总局印发的《关于做好上市公司环保情况核查工作的通知》（环发〔2001〕156号）。

近几年，我国多家银行业金融机构积极开展绿色证券的实践，运用证券市场工具帮助绿色项目融资，如2014年5月，由浦发银行主承销的10亿元中广核风电有限公司附加碳收益中期票据在银行间市场成功发行，发行期限5年，利率5.65%。

上市公司在环保PPP市场中的大机遇

在上市公司参与的PPP项目中，节能环保是重点领域。自2014年下半年以来，随着我国大力推广PPP，供水、污水处理、垃圾处理、土壤修复等环保市场进一步向各类社会资本开放。2016年10月财政部印发《关于在公共服务领域深入推进政府和社会资本合作的通知》（财金〔2016〕90号），明确提出深入推进公共服务领域PPP的思路，将进一步加大PPP模式推广应用力度和财政扶持力度。在中央财政给予支持的公共服务领域，可根据行业特点和成熟度，探索开展两个“强制”试点。在垃圾处理、污水处理等公共服务领域，项目一般有现金流，市场化程度较高，PPP模式运用较为广泛，操作相对成熟，各地新建项目要

“强制”应用 PPP 模式，中央财政将逐步减少并取消专项建设资金补助。各方利好消息之下，国内多家环保类或非环保类的上市公司盯上了环保 PPP 项目这块大“蛋糕”。

《国家环境保护“十三五”规划基本思路》指出，在“十三五”期间，要建立环境质量改善和污染物总量控制的双重体系，预计“十三五”末，我国环保产业年投入将达到 1.5 万亿元，上市环保公司业务收入结构将发生变化，尤其是与水环境、土壤修复等相关的业务占比将迅速上升。以财政部第二批 PPP 示范项目为例，第二批 PPP 示范项目共确定 516 个项目，占全部申报项目的 44%，计划投资金额 11708 亿元。其中，市政工程、交通运输、生态建设和环境保护、城镇综合开发四类行业项目数最多，占比分别为 43%、12%、9%、6%，合计占比达 70%。另一方面，交通运输、市政工程、城镇综合开发、生态建设和环境保护的投资额最大，占比分别为 43%、27%、10%、7%，合计占比达 87%。环保行业上市公司迎来市场大机遇，环保公司成为 PPP 推广过程中的生力军。

分析发现，无论是从上市公司自身的优势还是政府的意愿来看，上市公司在环保 PPP 市场都占有先机。相比较而言，上市公司在资金实力、技术先进性和管控方面都拥有突出的优势，而这几项优势正是 PPP 模式下政府引进社会资本所最为看重的。也就是说，地方政府往往更愿意与综合实力强劲的上市公司合作。事实上，环保 PPP 项目是当下环保类以及非环保类上市公司的重要业务方向，也是其重要的业绩和盈利点。

绿色 PPP 需要借助资本市场的力量

除上述环保类的 PPP 项目外，其他与环保有关的 PPP 项目，都属于绿色 PPP 的范畴，而绿色 PPP 项目具有投资规模巨大的特点。因此，社会资本需要信贷支持、发行债券和在资本市场直接融资的方式获得投资所需资金。其中，绿色证券是社会资本重要的融资模式。

研究认为，目前我国绿色金融体系中，绿色信贷是最主要的绿色融资模式，绿色证券则是最有潜力的绿色融资模式。业内人士指出，作为绿色金融体系的重要组成部分，资本市场“十三五”期间应着力从以下五个方面推进绿色金融和责任投资的发展，即：积极支持绿色企业上市融资和再融资，建立和完善上市公司与发债企业强制性环境信息披露制度，大力支持绿色金融产品的开发，继续发展绿色债券市场，推广责任投资理念。

建立和完善绿色证券体系

绿色证券法律空白亟待填补

从美国、日本、欧盟等绿色证券发达市场来看，完备的绿色证券法律法规体系是发展绿色证券的重要前提和保障。我国绿色证券仍然处于起步阶段，其法律法规保障体系还不完善，主要体现在原则性的规定多、具体实施指导的措施少，还没有完善的环境绩效评估标准，等等。发展绿色证券是一项涉及多部门的工作，需要加强相关部门的协调统一，尤其是要制定与节能环保紧密相关的上市准入标准、上市后再融资限制以及惩罚性退市等审核和监管制度。

以上市公司环保核查制度和环境信息披露制度为核心

发展绿色证券，需要从根本上制定一套针对高污染、高能耗企业的证券市场环保准入审核标准、环保核查制度、环境信息披露制度和环境绩效评估方法。具体来说，绿色证券对上市公司通过资本市场直接融资要设置两道“门槛”：第一道“门槛”即为拟上市企业设置环保准入审核标准，将不符合节能环保标准的拟上市企业挡在证券市场之外；第二道“门槛”即对上市公司实施环境信息强制披露[1]，将资本市场的各类主体（监管层、交易所、投资者、中介机构、主管部门等）形成一个合力，共同对上市公司的融资行为进行监督，让真正遵纪守法的上市公司尝到资本市场的“甜头”，让企图利用资本市场的资金扩大污染生产的上市公司“不敢越雷池半步”。

对上市公司实施奖惩机制，加大企业融资后环境监管

发展绿色证券的一大重点是加大上市公司融资后的环境监管，监督上市公司将所融的“绿色资金”真正用于绿色PPP项目。

科学的奖惩机制对于发展我国的绿色证券具有重要的作用。一方

[1] 我国企业普遍采取的披露形式是董事会报告和附表附注，只有少数企业采取独立报告的形式，公开程度不够，很难通过信息披露全面、直观了解和评价企业的环境状况。

面，对于严格遵守国家节能环保政策、加大节能改造研发和投入、积极投资绿色产业的拟上市企业开通上市“绿色通道”，对在资本市场直接融资有利于我国绿色产业发展的上市公司，国家应在政策上予以鼓励和倾斜；另一方面，对于环保“带病”的拟上市公司则拒绝其登陆资本市场，对于造成严重环境污染事件和融资目的打“擦边球”的上市公司，则严格限制其通过资本市场融资。

07

PPP 模式融资创新

特许经营收益权质押

对于PPP项目的贷款，银行等金融机构出于贷款安全的考虑，通常会要求社会资本或PPP项目公司提供抵押、质押、保证等。社会资本投资PPP项目，贷款前PPP项目建设并未完成，没有形成实际资产，无法以PPP项目提供抵押和保证，因此通常是由社会资本提供财产抵押，并由社会资本的股东按股比提供担保或寻求担保公司的支持。此外，银行等金融机构通常会要求以PPP项目的特许经营收益权作为质押，这便涉及特许经营收益权质押的法律特征问题。

关于PPP特许经营收益权的质押，实践中还存在较大的争议，主要是PPP特许经营收益权能否质押以及法律效力问题。

2015年12月初，随着最高人民法院第11批指导性案例中的第53号“福建海峡银行股份有限公司福州五一支行诉长乐亚新污水处理有限公司、福州市政工程有限公司金融借款合同纠纷案”的发布，困扰社会资本、金融机构的疑惑终于被解开。该案例对于特许经营权收益权能否质押等司法实践难题作出了明确规范，统一了裁判标准，有利于提高诉讼效率。

【案例 7-1】

公开资料显示，2003 年，长乐市建设局为让与方、福州市政工程有限公司（以下简称“福州市政公司”）为受让方、长乐市财政局为见证方，三方签订《长乐市城区污水处理厂特许建设经营合同》，约定长乐市建设局授予福州市政公司负责投资、建设、运营和维护长乐市城区污水处理厂项目及其附属设施的特许权，并就合同双方权利义务进行了详细约定。2004 年 10 月 22 日，长乐亚新污水处理有限公司（以下简称“长乐亚新公司”）成立，该公司系福州市政公司为履行《长乐市城区污水处理厂特许建设经营合同》而设立的项目公司。

2005 年 3 月 24 日，福州市商业银行五一支行与长乐亚新公司签订《单位借款合同》，约定：长乐亚新公司向福州市商业银行五一支行借款 3000 万元；借款用途为长乐市城区污水处理厂 BOT 项目；借款期限为 13 年，自 2005 年 3 月 25 日至 2018 年 3 月 25 日。同时，还就利息及逾期罚息的计算方式做了明确约定。福州市政公司为长乐亚新公司的上述借款承担连带责任保证。

同日，福州市商业银行五一支行与长乐亚新公司、福州市政公司、长乐市建设局共同签订《特许经营权质押担保协议》，约定：

福州市政公司以《长乐市城区污水处理厂特许建设经营协议》授予的特许经营权为长乐亚新公司向福州市商业银行五一支行的借款提供质押担保，长乐市建设局同意该担保；福州市政公司同意将特许经营权收益优先用于清偿借款合同项下的长乐亚新公司的债务，长乐市建设局和福州市政公司同意将污水处理费优先用于清偿借款合同项下的长乐亚新公司的债务；福州市商业银行五一支行未受清偿的，有权依法通过拍卖等方式实现质押权利等。上述合同签订后，福州市商业银行五一支行依约向长乐亚新公司发放贷款3000万元。长乐亚新公司自2007年10月21日起未依约按期足额还本付息。此外，福州市商业银行五一支行于2007年4月28日名称变更为福州市商业银行股份有限公司五一支行；2009年12月1日其名称再次变更为福建海峡银行股份有限公司五一支行（以下简称“海峡银行五一支行”）。

原告海峡银行五一支行诉称：原告与被告长乐亚新公司签订单位借款合同后向被告贷款3000万元，被告福州市政公司为上述借款提供连带责任保证。原告海峡银行五一支行、被告长乐亚新公司、福州市政公司、案外人长乐市建设局四方签订了《特许经营权质押担保协议》，福州市政公司以长乐市污水处理项目的特许经营权提供质押担保。因长乐亚新公司未能按期偿还贷款本金和利息，故诉请法院判令：长乐亚新公司偿还原告借款本金和利息；确认《特许经营权质押担保协议》合法有效，拍卖、变卖该协议项下的质物，原告有优先受偿权；将长乐市建设局支付给两被告的污水处理服务费优先用于清偿应偿还原告的所有款项；福州市政公司承担连带清偿责任。

被告长乐亚新公司和福州市政公司辩称：长乐市城区污水处理厂特许经营权，并非法定的可以质押的权利，且该特许经营权并未办理质押登记，故原告诉请拍卖、变卖长乐市城区污水处理厂特许经营权，于法无据。

福建省福州市中级人民法院于2013年5月16日作出（2012）榕民初字第661号民事判决：

一、长乐亚新污水处理有限公司应于本判决生效之日起十日内向福建海峡银行股份有限公司福州五一支行偿还借款本金28714764.43元及利息（暂计至2012年8月21日为2142597.6元，此后利息按《单位借款合同》的约定计至借款本息还清之日止）；

二、长乐亚新污水处理有限公司应于本判决生效之日起十日内向福建海峡银行股份有限公司福州五一支行支付律师代理费人民币123640元；

三、福建海峡银行股份有限公司福州五一支行于本判决生效之日起有权直接向长乐市建设局收取应由长乐市建设局支付给长乐亚新污水处理有限公司、福州市政工程有限公司的污水处理服务费，并对该污水处理服务费就本判决第一、二项所确定的债务行使优先受偿权；

四、福州市政工程有限公司对本判决第一、二项确定的债务承担连带清偿责任；

五、驳回福建海峡银行股份有限公司福州五一支行的其他诉讼请求。

宣判后，两被告均提起上诉。福建省高级人民法院于2013年9月17日作出福建省高级人民法院（2013）闽民终字第870号民事判决，驳回上诉，维持原判。法院生效裁定认为：被告长乐亚新公司未依约偿还原告借款本金及利息，已构成违约，应向原告偿还借款本金，并支付利息及实现债权的费用。福州市政公司作为连带责任保证人，应对讼争债务承担连带清偿责任。

本案争议焦点主要涉及污水处理项目特许经营权质押是否有效以及该质权如何实现等问题。

一、关于污水处理项目特许经营权能否出质问题

污水处理项目特许经营权是对污水处理厂进行运营和维护，并获得相应收益的权利。污水处理厂的运营和维护，属于经营者的义务，而其收益权则属于经营者的权利。由于对污水处理厂的运营和维护并不属于可转让的财产权利，故讼争的污水处理项目特许经营权质押，实质上系污水处理项目收益权的质押。

关于污水处理项目等特许经营的收益权能否出质问题，应当考虑以下几个方面：其一，本案讼争污水处理项目《特许经营权质押担保协议》签订于2005年，尽管当时法律、行政法规及相关司法解释并未规定污水处理项目收益权可质押，但污水处理项目收益权与公路收益权性质上相类似。《最高人民法院关于适用〈中华人民共和国担保法〉若干问题的解释》第九十七条规定，“以公路桥

梁、公路隧道或者公路渡口等不动产收益权出质的，按照担保法第七十五条第（四）项的规定处理”，明确公路收益权属于依法可质押的其他权利，与其类似的污水处理收益权亦应允许出质。其二，国务院办公厅 2001 年 9 月 29 日转发的《国务院西部开发办〈关于西部大开发若干政策措施的实施意见〉》（国办发〔2001〕73 号）中提出，“对具有一定还贷能力的水利开发项目和城市环保项目（如城市污水处理和垃圾处理等），探索逐步开办以项目收益权或收费权为质押发放贷款的业务”，首次明确可试行将污水处理项目的收益权进行质押。其三，污水处理项目收益权虽系将来金钱债权，但其行使期间及收益金额均可确定，其属于确定的财产权利。其四，在《中华人民共和国物权法》（以下简称《物权法》）颁布实施后，因污水处理项目收益权系基于提供污水处理服务而产生的将来金钱债权，依其性质亦可纳入依法可出质的“应收账款”的范畴。因此，讼争污水处理项目收益权作为特定化的财产权利，可以允许其出质。

二、关于污水处理项目收益权质权的公示问题

对于污水处理项目收益权的质权公示问题，在《物权法》自 2007 年 10 月 1 日起施行后，收益权已纳入该法第二百二十三条第六项的“应收账款”范畴，故应当在中国人民银行征信中心的应收账款质押登记公示系统进行出质登记，质权才能依法成立。由于本案的质押担保协议签订于 2005 年，在《物权法》施行之前，故不适用《物权法》关于应收账款的统一登记制度。因当时并未有统一的登记公示的规定，故参照当时公路收费权质押登记的规定，由其

主管部门进行备案登记，有关利害关系人可通过其主管部门了解该收益权是否存在质押之情况，该权利即具备物权公示的效果。

本案中，长乐市建设局在《特许经营权质押担保协议》上盖章，且协议第七条明确约定“长乐市建设局同意为原告和福州市政公司办理质押登记出质登记手续”，故可认定讼争污水处理项目的主管部门已知晓并认可该权利质押情况，有关利害关系人亦可通过长乐市建设局查询了解讼争污水处理厂的有关权利质押的情况。因此，本案讼争的权利质押已具备公示之要件，质权已设立。

三、关于污水处理项目收益权的质权实现方式问题

我国担保法和物权法均未具体规定权利质权的具体实现方式，仅就质权的实现作出一般性的规定，即质权人在行使质权时，可与出质人协议以质押财产折价，或就拍卖、变卖质押财产所得的价款优先受偿。但污水处理项目收益权属于将来金钱债权，质权人可请求法院判令其直接向出质人的债务人收取金钱并对该金钱行使优先受偿权，故无须采取折价或拍卖、变卖之方式。况且收益权均附有一定之负担，且其经营主体具有特定性，故依其性质亦不宜拍卖、变卖。因此，原告请求将《特许经营权质押担保协议》项下的质物予以拍卖、变卖并行使优先受偿权，不予支持。

根据协议约定，原告海峡银行五一支行有权直接向长乐市建设局收取污水处理服务费，并对所收取的污水处理服务费行使优先受偿权。由于被告仍应依约对污水处理厂进行正常运营和维护，若无法正常运营，则将影响长乐市城区污水的处理，亦将影响原告对污

水处理费的收取，故原告在向长乐市建设局收取污水处理服务费时，应当合理行使权利，为被告预留经营污水处理厂的必要合理费用。

四、小结

此次发布的第11批指导性案例中的第53号“福建海峡银行股份有限公司福州五一支行诉长乐亚新污水处理有限公司、福州市政工程有限公司金融借款合同纠纷案”，其裁判要点有两个：第一，特许经营权的收益权可以质押，并可作为应收账款进行出质登记。第二，特许经营权的收益权依其性质不宜折价、拍卖或变卖，质权人主张优先受偿权的，人民法院可以判令出质债权的债务人将收益权的应收账款优先支付质权人。案例旨在明确特许经营权的收益权可作为应收账款予以质押，有利于解决对特定项目（如污水处理）的特许经营权能否质押及收益权质押实现方式的争议，统一裁判标准，对规范金融机构特许经营权的质押贷款业务并促进基础设施项目的融资有积极指导意义，同时也为今后更多的PPP模式项目的融资树立了典范，将大大提高社会资本参与PPP的积极性，有利于PPP项目快速落地。

融资租赁

融资租赁又称设备租赁或现代租赁，是指实质上转移与资产所有权有关的全部或绝大部分风险和报酬的租赁。资产的所有权最终可以转移，也可以不转移。作为一种金融工具，融资租赁能够有效解决公共基础设施建设项目一次性投入过大、沉没成本过高等问题，对盘活存量资产，提高固定资产和财政资金的使用效率，更好地发挥投资对国民经济的拉动作用以及改善公共服务具有重要意义。

近年来，中央政府指示要加快融资租赁和金融租赁行业的发展，更好地服务实体经济。加快发展融资租赁和金融租赁，是深化金融改革的重要举措，有利于缓解融资难融资贵，拉动企业设备投资，带动产业升级。第三方数据显示，截至 2017 年底，我国融资租赁合同余额已达 6 万亿元。

在政府和社会资本紧密合作的大背景下，通过融资租赁将开启 PPP 模式的新纪元。

融资租赁与 PPP 模式相结合

传统的融资租赁进入基础设施的方式仅限于融资环节，即租赁公司购买设备租给政府，租期满后，政府再以约定价格购买设备。换句话说，融资租赁公司仅涉及资金的盘活过程，只在“融资”环节发挥作用。

与传统的融资租赁不同，通过与 PPP 模式结合，租赁公司可以参与到更多的环节中。具体来说，可以从融资环节延伸到建造、运营、维护等多个环节，从而参与 PPP 模式的全生命周期，这无疑为融资租赁公司的基础设施租赁业务提供了一条新思路。反过来，对急需资金支持的社会资本而言，融资租赁的成功介入，将大大缓解社会资本的资金压力和投资风险，将极大地激发社会资本投资 PPP 项目的积极性。

进一步来说，目前在 PPP 模式推广中存在银行有心放贷、社会资本不愿负债、设备厂家无力投放的尴尬，综合因素导致 PPP 项目落地率不高。而融资租赁公司的介入可以解开上述多方问题的症结，充分调动社会资本、生产厂家等各方面的积极性，促进 PPP 项目的快速落地。

融资租赁公司参与 PPP 项目的方式

对于租赁公司而言，基础设施融资租赁是它的重要业务之一。基础设施融资租赁是指以基础设施项目建设中的设备或项目本身为对象的融资租赁形式，主要涉及的设备有供水供电设备、轨道交通、燃气热力设备、城市照明设备等。分析发现，融资租赁公司可以通过以下三种方式参与 PPP 项目：一是直接融资租赁方式，可以大幅缓解社会资本投资基础建设和公共服务项目的资金压力。二是设备融资租赁，可以解决购置价格较高的大型设备的融资难题。比如在发达国家，80% 以上的节能设备采取融资租赁方式，通过项目产生的效益返还租金。三是售后回租方式，即购买“有可预见的稳定收益的基础设施资产”并回租，这样可以盘活存量资产，改善相关企业的财务状况。

融资租赁参与 PPP 项目的主要操作流程

通常情况下，融资租赁参与 PPP 项目的主要操作流程如下。

（1）政府平台机构与社会资本就 PPP 项目签署合作协议共同设立 SPV 公司（指政府与社会资本组成的特殊目的公司），政府平台机构以资产方式出资，社会资本以现金形式出资。另一种方式为社会资本以现金形式出资，单独成立 SPV 公司。

（2）融资租赁公司与 SPV 公司签订设备买卖合同、融资租赁合同。

（3）融资租赁公司向银行申请保理贷款。

（4）银行向融资租赁公司发放贷款。

（5）融资租赁公司向 SPV 公司支付设备购买价款。

（6）SPV 公司到期归还租赁公司本金以及利息。

（7）融资租赁公司到期归还银行本金以及利息。

近年来，我国政府积极鼓励开展基础设施领域的市场化 PPP 融资。目前，融资租赁行业在开拓 PPP 领域方面做了一些有益的尝试。

媒体报道称，2014 年 7 月，成都金控融资租赁有限公司为新津有轨电车示范线项目提供轨道及设备融资租赁服务，引入省外金融机构融资 2.8 亿元；同年 11 月，皖江金融租赁有限公司开展了规模为 2.5 亿元的道路管网融资租赁业务。

2015 年 7 月，工银租赁与南通市经济技术开发区管委会合作，以融资租赁的方式成功为南通能达水务有限公司提供 6 亿元融资。这一项目采用资产整体出租的方式，开创了租赁行业PPP融资的先河。能达水务是南通市经济技术开发区为污水治理、中水回收利用设立的项目公司，是当地开展环境治理工作的重要载体。能达水务采用PPP模式，工银租赁综合考量基础设施资产种类，灵活构建商业模式，开创了项目资产整体出租的投资方式。分析认为，工银租赁此次成功完成行业内第一笔PPP融资租赁业务，对租赁行业而言具有较强的借鉴意义，进一步提升了工银租赁在基础设施投融资领域的品牌知名度，是工银租赁积极拓展PPP项目融资租赁的一个良好开端。能达水务项目的实施，是工银租赁响应国家城镇化建设和节能减排的号召，配合政府提升公共服务水平的典型案例。

从欧美经济发达国家看，融资租赁是银行信贷和证券融资的一个重要补充，是社会资金供应的三个主渠道之一。预计“十三五”期间，我国有望构筑和形成一个包括银行信贷、融资租赁和证券融资有机衔接、科学稳定的资金供给体系。

政府补贴

不确定性高、存在一定的风险，是影响社会资本积极介入PPP项目的主要因素。

财政部印发的《关于推广运用政府和社会资本合作模式有关问题的

通知》（财金〔2014〕76号）指出，我国要尽快形成有利于促进PPP模式发展的制度体系，促进政府职能加快转变，完善财政投入及管理方式。

给予社会资本运营补贴

实践中，众多PPP项目本身所产生的现金流往往不能覆盖项目的全部成本，必须辅以政府补贴才能保证PPP项目的持续运营，才能满足投资者对项目投资回报的要求。

财政部发布的《政府和社会资本合作模式操作指南》也明确提出，当使用者付费不足以满足社会资本或项目公司成本回收和合理回报时，政府可以财政补贴等方式给予社会资本或项目公司经济补助。

例如，浙江省为进一步推广运用PPP模式，建立了动态补贴机制，以应对社会资本对PPP项目收益受损的担忧。浙江省政府印发《浙江省人民政府办公厅关于推广运用政府和社会资本合作模式（PPP模式）的指导意见》（浙政办发〔2015〕9号），对广受公众关注的PPP项目回报问题予以明确，指出对项目收入不能覆盖成本和合理收益的，可通过政府付费等方式给予适当补贴。政府应以项目运营绩效评价结果为依据，综合考虑产品或服务价格、实际收益率、财政中长期承受能力等因素，建立动态补贴机制。

通过政府补贴为PPP项目加油，力求实现PPP项目社会效益最大化，为社会提供尽可能优质、充足的产品或服务。

政府补贴一方面降低了社会资本所承担的风险，另一方面解决了项目中可能存在的收益不足问题，对于以逐利为目的的社会资本而言，政府补贴这种“加油”方式将对其产生较大的激励作用，从而促进 PPP 项目效率的提高。

给予地方政府存量项目补贴

为了更快推进 PPP 模式，财政部还对地方政府给予补贴。

2015 年 6 月财政部发布的《关于进一步做好政府和社会资本合作项目示范工作的通知》（财金〔2015〕57 号）指出，优先支持融资平台公司存量项目转型为 PPP 项目。重点推进符合条件的融资平台公司存量项目，通过转让—运营—移交（TOT）、改建—运营—移交（ROT）等方式转型为 PPP 项目。

业内专家认为，地方债务的存量项目转为 PPP 项目，并由财政提供资金补贴，有助于引导地方政府盘活存量资产、化解债务和实现稳增长；另外，引导新的资金投入 PPP 新增项目，也给社会资本提供了投资的机会。

据悉，财政部正在研究出台“以奖代补”措施，引导和鼓励地方融资平台存量项目转型为 PPP 项目，对符合条件的项目按照化债规模的一定比例给予奖励，同时将进一步完善专项转移支付资金管理办法、税收优惠政策等，加大对 PPP 项目的政策支持力度。

在地方政府层面，各地也在积极行动。

例如，福建省对示范项目给予前期费用奖补。对于2015—2017年列入省级PPP示范项目的，将按项目新引入的社会资本金额，给予实施地政府一次性财政奖励，奖励标准是：引入金额5000万元以上、1亿元以下的奖励50万元；1亿元以上的每增加1亿元再奖励30万元；单个项目奖励额不超过500万元。列入财政部PPP示范项目的，奖励金额按上述标准增加20%。奖励资金主要用于补助PPP项目前期费用及其他相关费用支出。

给予地方政府前期费用补贴

PPP项目的一大特点就是资金投入大，一些城市轨道交通、公路、铁路PPP项目总投资额多在百亿级规模，因此前期费用也是政府和社会资本方一笔较大的负担。

2015年9月，国家发展改革委发文，就《政府和社会资本合作项目前期工作专项补助资金管理暂行办法》（以下简称《办法》）向社会公开征求意见，未来合规的PPP项目的前期工作将获得国家预算内专项资金支持。《办法》指出，推出PPP前期工作专项补助资金是为了积极推广PPP模式，进一步鼓励和吸引社会投资，充分发挥投资在稳增长中的关键作用。

这笔专项资金的补助对象是PPP项目的前期工作，包括重点领域的 PPP 项目规划编制，以及重点 PPP 项目的前期决策咨询、实施方案编制、招标文件确定、合同文本拟定、法律财务顾问和资产效益评估等。PPP 项目的建设运营环节并不在此轮专项资金补助范围内。

根据《办法》，PPP 前期工作专项补助资金为一次性补助资金，采用财政专户管理，专款专用。对不按规定使用前期工作专项补助资金的，经核实后，停止拨付补助资金，并在下一年度减少或不予安排该地区前期工作专项补助资金。

总之，政府补贴是为了实现社会效益和社会资本合理利益的平衡，根据不同 PPP 项目的特点，设置合理、灵活的政府补贴机制，有利于实现政府和社会资本的共赢，实现 PPP 项目的真正落地。

尝试“财政 + 金融”模式

除了设立支持基金外，河北省还在奖补资金支持等方面，采取“财政 + 金融”的模式，加快推进全省 PPP 项目落地。

在奖补资金支持方面，河北省财政厅出台了《河北省省级政府和社会资本合作（PPP）项目奖补资金管理办法（试行）》，明确资金统筹用于 PPP 项目前期工作和项目资本注入。凡是列入财政部 PPP 示范项目、省 PPP 试点的项目、通过 PPP 模式成功化解存量债务的项目、通过物有所值评价和财政承受能力论证的项目，2015 年度省财政分别奖励每个项目所在市或县 400 万元、300 万元、200 万元、100 万元，奖补资金总额达 3 亿元。

政府抵押担保案例分析

项目背景

近年来，某市加快城镇化建设的步伐，进一步完善城镇化体制，优化城镇化格局，提升城镇化质量。按照计划，到 2017 年，该市城镇人口规模将达到 78 万人，常住人口城镇化率达 62%，户籍人口城镇化率达 55%；到 2020 年，城镇人口规模将达到 86 万人，常住人口城镇化率达到 69%，户籍人口城镇化率达到 61%。在此背景下，该市计划对市中心 6 条主要道路进行改造、建设。同时，为进一步提高人民生活水平，该市计划改造、新建 4 座公园。

基本情况

该市改造市中心 6 条共 43 公里主要道路、新建 2 条共 16 公里道路、改造火车站站前公园、新建 3 座城市公园等，总投资规模约 16.8 亿元。工程计划 2015 年 6 月开工，2017 年 9 月完成。

合作模式

项目采取 PPP 模式，即该市人民政府通过政府采购方式，确定某投资公司为市政基础设施建设社会资本运营商。2015年3月7日，该市人民政府授权该市建设投资集团公司（国有企业，授权书附后）与社会资本某投资公司本着政府与社会资本共赢、促进城市发展原则，在平等、自愿、协商一致的基础上，依照《中华人民共和国合同法》、国家有关PPP的指导意见以及《某市政府投资管理办法》签订《某市城市建设特许经营协议》。具体内容包括以下几项：

（1）该投资公司负责对项目进行投资、建设、管理；办理工程建设的立项申请、委托勘察设计、申请规划许可、负责工程建设及办理相关许可审批等手续；竣工验收、工程移交、工程保修及工程决算工作；与项目投资、设计、建设、管理相关的其他事项。

（2）该投资公司保证和承诺：

①负责按与该市人民政府签订的特许经营协议进行投资，并按项目进度及时支付资金，保证项目按期顺利进行。

②负责按招标管理有关规定选择符合资质条件的设计、施工、监理等单位，负责办理工程立项、施工许可等相关手续。

③负责项目的质量、安全及进度管理。

④工程质量须符合设计要求并满足国家有关规范及相应的验收标准，未达到以上标准的按项目总投资额的5%计算支付违约金，并赔偿该市人民政府授权的该市建设投资集团公司（国有企业）全部损失。

（3）该投资公司的回报：该市建设投资集团公司向该投资公司支付

项目款（或通过土地拍卖等方式补偿该投资公司收益），征地（含租地）、拆迁补偿费用每月核对结算，第二个月付清；工程建设费用（含前期费用）自工程竣工验收之日起五年内，每年拨付20%。如果逾期付款，须向该投资公司支付延迟付款利息，按年利率10%计取利息。

（4）该市建设投资集团公司保证和承诺：

①负责落实项目内容（包括但不限于立项、设计、规划条件），符合国家及地方有关法律、法规及产业政策，并获得政府相关批复，保证程序的合规性。

②负责落实或者争取依据国家及地方政策规定能够给予该投资公司实施项目的相关优惠政策。

③不得就同一项目引进不同投资者，保证该投资公司的持续运营收益。但如果该投资公司不能按约履行合同义务，该市建设投资集团公司有权与第三人进行项目合作。

案例解读

在基础设施建设投资方面，地方政府一直是主力军。过去由地方政府主导的基建投资曾发挥了经济增长的引擎作用，但目前逐步减弱：一方面，由于我国经济发展进入新常态，财政收支矛盾加剧；另一方面，2014年10月2日，国务院发布了《国务院关于加强地方政府性债务管理的意见》（国发〔2014〕43号，以下简称43号文），明确指出首要目标为治理政府性债务。43号文对地方债务开启了严监管模式，使地方政府融资能力大幅受限，城投债风光不再。因此，如何继续推进市政道路建设成为城市基础设施建设中亟待解决的问题。本案例中，某市人民政府借国家大力推广PPP的东风，成功借助社会资本的力量进行市政道路基础设施建设，无疑是一种有益的探索。

不过，本PPP项目投资规模大，考虑到如果因为特殊原因该市政府无力支付项目费用或不能按其他方式进行补偿，某投资公司将面临巨大的风险。此外，该投资公司需要对外融资，金融机构也需要政府方面提供抵押和担保（部分）。为促成本PPP项目的落地及降低自身的投资风险，某投资公司提出了由政府提供抵押担保的条件。经过双方协商，该市政府将其土地及建筑物（评估价格2.3亿元）作为双方签订的特许经营协议的履约担保。下面是《房屋抵押合同》、某市财政局的《财政履约担保函》及某市人民政府的授权书。

房屋抵押合同

甲方（抵押人）：某市建设投资集团公司（代表某市政府）

法定代表人：

地址：

联系电话：

乙方（抵押权人）：某投资公司

法定代表人：

地址：

联系电话：

鉴于与乙方于______年____月____日签订的《某市道路及公园建设特许经营协议书》，为确保甲方按约履行项目合同，保障乙方各项约定权利的实现，甲方自愿作为抵押人提供担保抵押，根据《中华人民共和国担保法》《中华人民共和国城市房地产管理法》《中华人民共和国城镇国有土地使用权出让和转让暂行条例》等规定，订立本合同。

第一条 抵押物（详见抵押物清单）

楼宇名称、座别及房号：

所有权人：

所在位置：

建筑面积：

房地产证编号：

第二条 经双方确认上述抵押物价值为：

第三条 抵押担保的主债权

抵押担保的范围包括《某市道路及公园建设特许经营协议书》确定的乙方的主债权及利息、违约金、赔偿金和实现抵押权的费用（包括评估、拍卖、诉讼、律师、会计及其他费用）。

第四条 在本合同签订后____日内，甲、乙双方持本合同及该抵押物的证明文件到有关管理部门办理抵押物的登记手续。

第五条 甲方保证该抵押物在本协议之前未设定抵押。保证对抵押物拥有完全的所有权，保证抵押物不存在共有所有权或使用权争议等任何足以限制乙方实现抵押权的情况，保证抵押物免遭任何第三人追索。

第六条 甲方应妥善保管抵押物，在抵押期间应有维修、保养、保证抵押物完好无损的责任，并随时接受乙方的检查。

第七条 抵押期间，未经乙方书面同意，甲方不得转让、出租、变卖或以任何其他形式处置或转让本合同项下的抵押物。由此引起乙方的任何损失，由甲方承担责任。

第八条 出现下列情况之一的，乙方有权依法定方式处分抵押物；

一、甲方未履行到期债务；

二、甲方被依法宣告解散、破产。

第九条 处理抵押财产的所得价款，不足以偿还债务的，乙方有权另行追索。

第十条 甲方违反本合同第七条规定，擅自处分抵押财产的，乙方视情况有权要求甲方恢复原状，并可提前收回项目合同项下的项目款。

第十一条 甲方违反本合同第五条规定，隐瞒抵押财产存在共有、产权争议、被第三人追索的情况的，甲方需按《某市道路及公园建设特许经营协议书》规定履行合同义务，并应赔偿给乙方造成的实际损失。

第十二条 本合同自双方盖章后生效，抵押权自登记之日起设立，有效期至担保的债权全部实现为止。

第十三条 合同所附的“抵押物清单”是本合同的组成部分（见表 7-1）。

第十四条 双方在履行本合同时发生争议，协商不成的，提交北京仲裁委员会，按照现行有效的仲裁规则，适用中华人民共和国法律。

第十五条 本合同壹式捌份，甲方执叁份，乙方执叁份，登记部门执贰份，均具有同等效力。

甲方（抵押人）：　　　　　　　　乙方（抵押权人）：

法定或委托代表人：　　　　　　　法定或委托代表人：

签订日期：______年____月____日　　签订日期：______年____月____日

表 7-1　抵押物清单（房产）

序号	所有权人	房产证号	坐落	建筑面积（平方米）	评估价值（万元）	抵押价值（万元）
1	房产					
2						
3						
4						
5						
6						
合计						

抵押人声明：以上抵押物属抵押人所有，不属于《物权法》第一百八十四条所列财范围，未进行重复抵押，对所提交《抵押物清单》的真实性、合法性承担全部法律责任。 （单位盖章）	抵押权人声明：同意接受抵押 （单位盖章）
法定代表人（签字）： 年　月　日	法定代表人（签字）： 年　月　日

财政履约担保函

编号：

致：某投资公司（以下简称“贵司”）

根据贵司与某市政府签订的《某市道路及公园建设特许经营协议书》（以下简称“主合同”），我局特向贵司承诺如下：

（1）本函所担保的范围为主合同被授权单位某市建设投资集团公司应当履行的

付款（征地、租地、拆迁补偿费用、工程建设费用）及利息、罚息、违约金、损害赔偿金、以及贵司实现债权的费用（包括但不限于诉讼费、仲裁费、财产保全费、证据保全费、强制执行费、评估费、拍卖费、鉴定费、律师费、差旅费、调查取证费等）。

（2）保证期间：自主合同约定的付款期限届满之日起2年。

（3）若被授权单位某市建设投资集团公司未按主合同中的约定按期足额支付全部款项，我局保证在收到贵司索款通知后一周内无条件将上述经某市建设投资集团公司确认应该支付的款项支付给贵司。

（4）贵司与被授权单位某市建设投资集团公司约定延长履行期限的，不须经我同意。

（5）本函适用于中华人民共和国法律、法规。发生争议，协商解决，协商解决不成的，提交北京仲裁委员会裁决。

（6）本函自盖章之日起生效。

某市财政局

（盖章）

年　　月　　日

政府授权书

致：某投资公司（以下简称“贵司”）

兹授权某市建设投资集团有限公司、园林局、住建局、交通局与贵司开展PPP项目合作。

授权某市建设投资集团有限公司的授权范围为：

1. 在某市范围内，进行项目的投资、立项、规划、设计、建设、运营、决算与贵司签署 PPP 特许经营协议，并负责合同的履行，支付合同价款等。

2. 与贵司签订相应的（房屋 / 国有土地使用权）抵押合同。

授予某市园林局、住建局、交通局的授权范围为：

在某市范围内，进行项目的立项、规划、设计、建设、运营、竣工验收、决算移交与贵公司签署《项目管理合同书》，并负责合同的履行等。

授权某市财政部门出具相应的财政履约担保函。

授权期限：自本授权签署之日起至 PPP 项目合同履行完毕之日止。

某市人民政府

（盖章）

年　　月　　日

08

PPP项目融资典型案例

田园综合体 PPP 项目主要融资模式分析

田园综合体的特点

田园综合体集循环农业、创意农业、农事体验于一体，是在一定地域空间内现代农业生产空间、居民生活空间、游客游憩空间、生态涵养发展空间等功能板块的有机组合。具体来说，田园综合体主要有以下典型特征：一是以现代农业为核心，一二三产业融合发展。要将农业从第一产业向第二产业和第三产业延伸，一二三产业相互依存、相互促进。二是参与主体多元。村民、村集体、开发商、政府、游客等多方主体通过参与田园综合体的建设、运营和消费受益，着力满足“村民”“游客”“政府”“投资者”“开发者”“运营者”及其他利益相关者等几类人群的需求；三是突出农事体验。田园综合体注重农业创意，强调农事体验，按照特色化、个性化和艺术化的理念，将农作体验与知识传授相结合，将农业生产要素融入田园综合体的产品设计和产品服务中，比较突出的有地景王国、田园迷宫、绿野仙踪、小芽启蒙课堂和童趣园艺等。四是乡村旅游特征明显。随着我国经济社会的快速发展，旅游已成为国人生活中不可分割的一部分。[1] 通过打造以田园景观、农业生产和优质农产品为基础的主题观光区域，使游人身临其境感受田园风光和农业魅力。

田园综合体投资规模大

田园综合体主要涉及现代农业建设、各类基础设施和公共项目建设以及拆迁等，投资规模大。下面介绍成都多利农庄的案例。

【案例 8–1】

成都多利农庄（以下简称“本项目”）拥有优质的生态资源禀赋，具有集建设美丽乡村和打造国家级乡村旅游示范区于一体的潜力和优势。据介绍，本项目由上海多利全资子公司“多利（成都）农业发展有限公司”投资建设，2013 年入驻郫都区红光镇。

本项目围绕打造国际乡村旅游度假目的地，在郫都区红光镇、

[1] 中国旅游研究院、国家旅游局数据中心发布的数据显示，2017 年，中国公民出境旅游人数 13051 万人次，比上年同期增长 7.0%。中国已连续多年保持世界第一大出境旅游客源国地位。不仅海外游，国内旅游市场也在经历“消费升级”带来的需求转型。2017 年国内旅游市场高速增长，旅游人数 50.01 亿人次，比上年同期增长 12.8%。由旅游带动的直接和间接就业人数 7990 万人（其中直接就业人数 2825 万人），占全国就业总人口的 10.28%。

三道堰镇等6村连片规划建设多利有机小镇。项目在“建设用地不增加、农业用地不减少、农民利益不受损”的原则下，携手中国平安集团、浙江绿城集团、法国LUX酒店管理公司联合打造新型“农+旅”结合的都市现代农业有机小镇。

本项目开辟了现代农业项目融资发展的新渠道。2016年，中国平安集团投资控股多利农庄，依托保险资金“大资本、低成本、长周期”的优势，有效解决了都市现代农业“投资大、周期长、回报慢”的难题。多利农庄成为“平安好生活”的承载主体，依托平安140万销售人员及7000万高端客户资源，拓展新销售链条和营销网络体系，2016年销售额首次突破5亿元。

本项目计划总投资150亿元，总规划面积约2万亩，区域内集体建设用地约2900亩（其中农村新型社区建设用地约1000亩，特色小镇和家庭农庄建设用地约1900亩），规划建设52万平方米农村新型社区、63万平方米家庭农庄和上万亩有机生态农业示范基地，辐射带动周边5万亩土地的有机生态农业发展。

截至2018年年初，本项目已完成投资5.2亿元，实施了8.1万平方米的农村新型社区建设；已建成600亩有机生态农业示范区、1.2万平方米温室大棚和分拣包装中心；已依法取得128.3亩农村集体经营性建设用地使用权，启动了4个组团度假酒店和家庭农庄建设，首批示范农庄和有机生活体验馆已正式对外开放，游客可来体验乡村风光、有机蔬菜种植以及乡村酒店等特色旅游。

田园综合体 PPP 项目主要融资模式

田园综合体 PPP 项目投资规模往往高达上亿甚至数十亿元。对一般社会资本来说，需要向银行等金融机构融资。具体来说，田园综合体 PPP 项目融资模式主要包括商业银行贷款模式、基金模式、信托计划、资产证券化等（见表 8-1）。

表 8-1　田园综合体 PPP 项目主要融资模式

模　　式	主要内容
银行贷款模式	银行贷款是 PPP 项目最常见的融资模式，包括单个银行贷款和银团贷款等形式。近年来，国内多家银行参与 PPP 项目，交通、生态建设和环境保护、市政工程、农业、文化、养老、旅游、特色小镇等均为项目热点。作为 PPP 模式的重要参与者，商业银行扮演着综合化的融资服务角色，一是为 PPP 项目提供良好的金融资源，二是提供项目的设计、开发等顾问服务。
基金模式	鉴于 PPP 项目中社会资本资金不足，中央倡导设立中央级和省级引导示范性 PPP 股权投资基金。2014 年以来，多地成立对接 PPP 产业基金，吸引了 3500 亿 ~4000 亿元的银行资金参与。
信托计划	国内信托公司正深度参与 PPP，其形式包括直接参与项目、组建联合体、成立产业基金等。信托公司参与 PPP 项目的主要模式有权益投资方式、信托贷款方式和股权投资方式。其中股权投资方式对信托公司全面识别风险能力以及就风险分担机制与政府谈判能力的要求最高，且由于 PPP 项目期限长而收益较低的特征，信托公司需要撮合保险等长期低成本资金开展业务。
资产证券化	资产证券化作为市场化的债务融资工具，不仅可以为 PPP 项目提供再融资，还可以实现 PPP 项目的规范管理。

续表

模　　式	主要内容
融资租赁	融资租赁参与PPP项目的主要操作流程为：第一，政府平台机构与社会资本签署合作协议共同设立SPV公司，政府平台机构可以资产方式出资。另一种方式为社会资本以现金形式出资，单独成立项目公司；第二，融资租赁公司与SPV公司或社会资本项目公司签订设备买卖合同、融资租赁合同；第三，融资租赁公司向银行申请保理贷款；第四，银行向融资租赁公司发放贷款；第五，融资租赁公司向SPV公司或社会资本项目公司支付设备购买价款；第六，SPV公司或社会资本项目公司到期归还融资租赁公司本金以及利息；第七，融资租赁公司到期归还银行本金及利息。
发行债券	田园综合体PPP项目公司在满足发行条件的前提下，在交易商协会注册后发行项目收益票据，可以在银行间交易市场发行永（可）续票据、中期票据、短期融资债券等债券融资，也可以经国家发展改革委核准发行企业债和项目收益债，还可以在证券交易所公开或非公开发行公司债。
供应链融资	供应链融资是把供应链上的核心企业及其相关的上下游配套企业作为一个整体，根据供应链中企业的交易关系和行业特点制定基于货权及现金流控制的整体金融解决方案的一种融资模式。田园综合体融资可以运用供应链融资模式的主要是应收账款质押、核心企业担保、票据融资、保理业务等。

田园综合体PPP项目投融资结构

合理的投融资结构是PPP项目开展的前提。研究发现，在PPP项目的投融资结构中，有两种主要的模式：一种是政府和社会资本共同出资成立SPV公司，以SPV公司的名义对外融资。此种模式通常情况下政府以存量资产出资、社会资本以现金出资，且政府不控股。另一种是完全由社会资本投资PPP项目，以社会资本或社会资本单独成立的SPV

公司的名义对外融资，出资和融资的责任由社会资本方全部来承担。详见图 8-1。

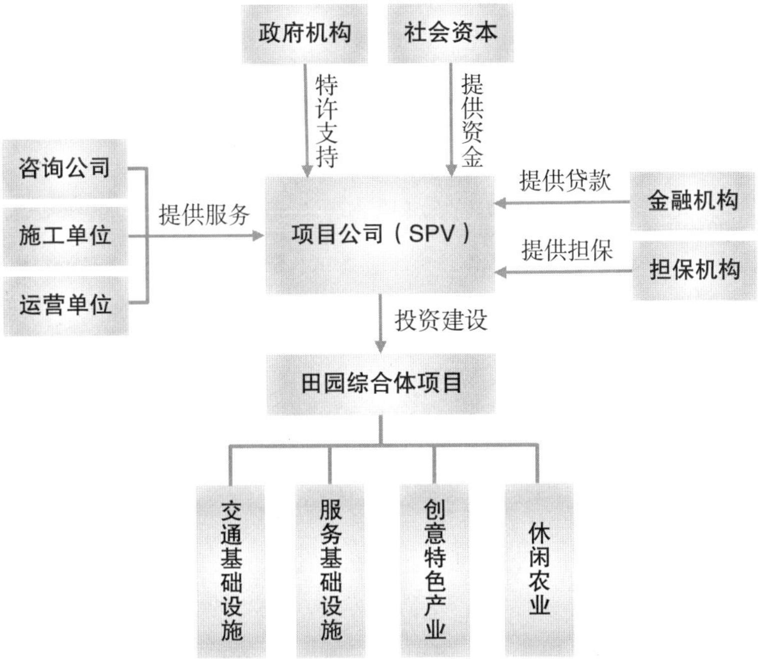

图 8-1　田园综合体 PPP 模式投融资结构

下面介绍江西赣州蓉江新区迳背田园综合体 PPP 项目的案例。

【案例 8-2】

江西赣州蓉江新区迳背田园综合体 PPP 项目（以下简称“本项目”）总投资 57800 万元，建设范围包括潭东镇迳背村区域、潭口镇坳上村部分区域和龙塘村三个部分，其中潭东镇迳背村区域面积为 386390.90 平方米，潭口镇坳上村部分区域面积为 218798.77 平方米，龙塘村面积为 65133.33 平方米，项目总面积为 670323 平方米。

本项目建设内容包括园艺田园景观改造、自然山林和田园景观改造、园路及广场、新建农业设施、新建主题建筑和功能建筑、村庄建筑改建、生态水系及景观、生态停车场、景观桥梁、景观小品、森林小火车等主题休闲设施以及供水供电等配套设施。PPP 项目公司负责本项目的设计、投资、建设、运营维护和移交等工作。本项目合作期限为 12 年，合作方式为 PPP 模式下的 BOT 方式。

医养结合 PPP 项目投融资问题分析

医养结合 PPP 项目投融资结构

张继峰在《PPP 项目融金术——融资结构、模式与工具》一书中提出，“PPP 项目投融资的精髓，就在提高权益性资金比例吸引债务性融资和降低融资成本之间寻求平衡点”，而“PPP 项目投融资结构的核心要素，主要有现金流、风控措施、成本、金额、期限等几个方面”。

资金是 PPP 项目的“血液”，也是医养结合 PPP 项目健康运行的重要保障，因此，投融资结构的搭建是医养结合 PPP 项目投融资工作的重要组成部分。

资本金结构

《关于印发政府和社会资本合作模式操作指南（试行）的通知》（财金〔2014〕113号）第二十三条规定，“社会资本可依法设立项目公司。政府可指定相关机构依法参股项目公司”。PPP项目资本金结构，通常指PPP项目公司资本金构成及各股东出资比例结构。一般来讲，PPP项目公司的股东由两方组成：政府出资代表和通过竞争性方式选取的社会资本方，政府出资代表的资本金出资额在实施方案中明确，并经财政承受能力论证通过；社会资本方亦可以是联合体形式，联合体成员多以产业运营资本和金融资本为主。

对于医养结合PPP项目的股权结构，实践中需要注意以下几点：

（1）PPP项目公司资本金要求。PPP项目一般涉及固定资产投资，根据国务院《关于调整和完善固定资产投资项目资本金制度的通知》（国发〔2015〕51号）的规定，不同行业固定资产投资项目的资本金比例不同。在设立PPP项目公司时，需要根据项目所属行业确定项目资本金的最低比例和数额，医养结合PPP项目的项目公司资本金一般为20%。

（2）出资比例。在设计PPP项目公司股权结构时，需要注意出资比例限制问题。根据财政部文件规定，项目公司可由社会资本出资设立，也可由政府和社会资本出资共同设立，但政府在项目公司中的持股比例应当低于50%，且不具有实际控制力及管理权。因此，对政府参股的项目公司股权比例的设计，应注意对其持股比例予以限制。

（3）出资时间安排。PPP 项目建设涉及资金额较大，注册资金如按项目初始投资额或总投资额的比例缴付，数额也较大。实际操作中，为保证项目公司建设运营，对项目公司股东协议须拟定出资安排是一次还是分次出资。约定分次出资的，首期出资必须在项目公司设立时到位，后续出资可根据项目建设资金需求的实际情况分次进行。如出资分次安排，股东协议须约定不按期缴付出资方需承担的违约责任，以保证项目建设运营有序开展。

债务结构

PPP 项目债务结构是指 PPP 项目建设运营所需的股权资金之外的债务性资金的构成情况。目前，PPP 项目债务性资金融资有许多融资工具可以使用，实施时要综合考虑项目股权结构、资金成本、项目公司收入稳定性等约束条件来选择合理、节约且可行的结构。

股债结构

PPP 项目股债结构是指 PPP 项目公司股权资金和债务性资金之间的结构、比例，主要涉及项目资本金与项目融资的比例设置。

需要说明的是，项目资本金制度是我国特有的制度安排。1996 年 8 月，国务院发布《国务院关于固定资产投资项目试行资本金制度的通知》（国发〔1996〕35 号），决定对固定资产投资项目试行资本金制度，投资项目必须首先落实资本金。投资项目资本金，是指在投资项目总投资中由投资者认缴的出资额，对投资项目来说是非债务性资金，项目公司不承担资本金的利息。而项目公司注册资本金是法律层面的要求，指公司在工商登记时认缴的出资额。法律上没有规定注册资本金和项目资本金必须数额相等。项目资本金和注册资本金的差额部分，以股东自有资金借款方式，或发行永续债等权益类金融工具解决。

下面介绍某医养结合 PPP 项目的案例。

【案例 8-3】

某医养结合PPP项目总投资为20亿元，项目注册资本金1亿元，项目资本金占比 20%。

一、资本金结构

项目注册资本金 1 亿元，项目资本金 4 亿元。其中，政府出资代表占比 40%；社会资本方占比 60%。项目公司设立时，政府出资代表认缴注册资本金 4000 万元，社会资本方认缴注册资本金 6000 万元。项目资本金与注册资本金的差额部分（3 亿元），根据项目建设资金需求，由政府出资代表和社会资本方共同作为股东自有资金，分批同比例（政府方：社会资本方 =40%：60%）注入项目公司，列入资本公积。

二、债务结构

项目除去项目资本金以外，仍须引入债务性资金 16 亿元，需要通过银行贷款、保险债权投资计划等方式获得。

三、股债结构

项目资本金与债务性资金的比例为 20% : 80%。该比例的高低除了要满足项目资本金比例规定的最低要求外，还受到项目公司债务性资金的可获得性及股债资金成本比较两个因素的影响。另外，PPP项目公司贷款尝试采用有限追索的项目融资方式，即如果项目公司不能以自身信用完成项目公司债务性资金融资，则由社会资本方通过股东贷款或补充提供融资担保的方式，以确保债务性资金及时到位。

医养结合 PPP 项目面临的困境

调研发现，目前医养结合 PPP 项目存在的难题有：医疗运营受体制影响，落地障碍较多；而养护（养老）机构还是以地产商运营为主，专业的养护运营机构严重不足；医疗和养护的结合，需要更符合现实需求的盈利模式。

医养结合 PPP 项目融资难题解决思路

进一步加强项目的可行性及合规性

PPP项目本身满足最终用户及政府方的需求，具备经济技术可行性，前期可行性研究做深做透，可以为后续资金筹措打下坚实的基础。同时，为了提高 PPP 项目建设运营资金可获得性，建议金融资本参与到项目前期论证当中，以便对项目本身有更深入的了解。

回归投资本质

为更好地实现医养结合 PPP 项目的融资，需要聚焦项目运营与服务，选择医养专业人士做好医养专业的事情。医养运营机构是医养结合 PPP 项目股权结构的关键组成部分，只有在行业里深耕的专业人士和专业机构，才有可能了解医养结合项目所处行业领域的技术与经济特点，才能合理地识别风险、把控风险。

政府基金引导支持，建立多层次、多渠道的资金渠道，进一步拓宽融资渠道

《国务院办公厅转发卫生计生委等部门关于推进医疗卫生与养老服务相结合指导意见的通知》（国办发〔2015〕84 号）要求，拓宽市场化融资渠道，探索政府和社会资本合作（PPP）的投融资模式。鼓励和引导各类金融机构创新金融产品和服务方式，加大金融对医养结合领域的支持力度。有条件的地方可通过由金融和产业资本共同筹资的健康产业投资基金支持医养结合发展。用于社会福利事业的彩票公益金要适当支持开展医养结合服务。

某客运站 PPP 项目受益于专项资金

项目背景

某县位于三省交界处，自然资源丰富、旅游景区众多，拥有得天独厚的区位和资源优势，其下辖16镇38乡，430个行政村，总人口60余万。近几年来，该县生产总值快速增长，经济发展后劲十足，年平均增长率超过30%，人民生活水平大幅提高。不过，该县现有的汽车客运站始建于20世纪90年代末，规模较小，设施设备较为破旧，不能满足客运需求。目前，该县汽车客运站主要存在以下问题：

（1）客运站所处的城东十多年前还是城乡结合部，随着城镇化的推进，该地段目前已经成为该县的商贸中心。由于客运站所处的位置特殊，人流、物流、车流混杂，高度集中，严重影响道路交通秩序，给城镇居民正常生活带来很大不便，也影响了经济的发展。

（2）客运站建设标准低、功能设施差、服务水平低。目前全县拥有客运班线210条，营运客车652辆，日均客流量4000余人次，客周转量达到近2万人公里，随着客运线路和车辆的逐渐增加，现有停车泊位已经不能满足需要。

（3）客运站的服务功能比较单一，只能提供售票、安检、问询、商务等低档次服务，尚不能提供医务和住宿等全方位立体化服务。同时，由于站场内技术设备落后，造成站场与车辆之间信息不畅、不衔接、不配套，只能采用传统的管理方法和手段，致使运输效益差，严重制约了运输组织化程度的提高。

（4）原有规划没有停车场，而近年来私家车保有量快速增长，送车和接车的私家车都汇集于客运站附近，造成客运站周围道路拥挤不堪。

为了给该县经济社会可持续发展注入新的生机与活力，2013 年 12 月，县政府决定新建一座汽车客运站（以下简称“本项目”），切实满足该地区旅客的需求。本项目市场定位是为县城与其他周边城市以及该县各乡镇出行旅客提供到发、中转等一系列服务，同时提供必要的生活辅助服务，将其发展成为一座多功能、现代化的汽车客运站。

基本情况

本项目主要有运输服务、运输组织、中转换乘、通信信息、生产辅助服务等五项功能。本项目设计日发送能力为 22000 人。本项目拟建于该县新城区，周边基础设施齐全，道路宽广，进出县中心城区方便快捷。本项目占地面积 109 亩，项目产出主要分为客运总站基础设施建设和经营期内提供的公共服务两部分。客运总站基础设施建设包含公交客运服务中心、客运站房 1 栋、汽车保养维修车间 2 栋，以及加油站、加气站各 1 座。项目设置长途发车位 35 个，客运停车位 216 个，均位于地面；配套停车位 156 个，为一座智能机械式立体停车库。

本项目总建筑面积 23000 平方米，其中站务楼建筑面积 15000 平方米，辅助用房建筑面积 8000 平方米。此外，道路广场面积 43600 平方米，绿地面积 13800 平方米，绿化率 19.66%。本项目拟定于 2015 年 3 月开工建设，2017 年 9 月完工，并于 2017 年 12 月投入使用。本项目总投资估算为 1.31 亿元，综合分析某县经济社会发展及旅客运输设施改善对客流的影响，结合其他城镇类似的客流转移情况分析以及有关预测模型，预测到2015年、2020年和2025年某县客运适站量将分别达到156.36万人、268.19万人和546.29万人，日发送旅客量分别为3485人/日、6470人/日以及12080人/日（见表8-2）。

表8-2　本项目公路客运适站量[1]预测

指标年份	2018	2023	2028
客运适站量（万人）	156.36	268.19	546.29
日发送旅客量（人/日）	4392	7533	15345

按照交通运输部《公路运输站场投资项目可行性研究报告编制办法》的规定，项目的设计年限一般取项目主体工程建成投入使用后的第10年。本项目拟于2015年3月开工建设，2017年9月完工，2017年12月投入使用，设计年限为10年，因此拟定设计年限为2028年。根据该县汽车客运站旅客发送量的预测结果，到2028年某县汽车客运站的年平均日旅客发送量为15345人次。根据《汽车客运站级别划分和建设要求》，该县的日均发送旅客量在10000人次以上，符合建设一级站的标准，因此将其定位为一级站场。

[1] 公路客运场站适站量是指进入公路客运场站进行站务作业的客运发送量。它是公路客运场站组织量的重要组成部分，是确定场站建设规模的重要依据。

合作模式

本项目采用PPP项目下的BOT模式运作，由县政府授权该县交通运输局作为PPP项目实施机构与中标单位某交通建设投资公司在该县设立的PPP项目公司签订特许经营协议，期限15年（不含建设期），自本项目竣工验收通过之日算起。PPP项目公司具体负责本项目工程的投融资、建设运营和维护工作。PPP项目公司投资回报采用“可行性缺口补贴”的回报模式，该县交通运输局按照特许经营协议支付可行性缺口补贴费，可行性缺口补贴费50万元/年。合作期满后，PPP项目公司将本项目无偿移交给该县交通运输局或者县人民政府指定的其他机构。

案例解读

本项目是面向全社会服务的公益性站场服务设施，是综合运输发展的基础设施和城市建设的重要组成部分。它建设周期长、投资大，具有较好的社会效益，但自身回收能力较弱。为了吸引社会资本积极参与，需要各级政府及主管部门的大力支持。

就本项目的财务评价来看，财务评价项目计算包括项目建设期和生产营运期。项目拟于2015年3月开工，建设期两年半，2017年9月完工，并于2017年12月投入生产运营，营运期12年半，共计15年。本项目投资所得税前财务内部收益率为8.26%，所得税后财务内部收益率为 6.97%，所得税前投资财务净现值为 1788.28 万元，所得税后投资财务净现值 679.89 万元，所得税前投资回收期为 11.99 年，所得税后投资回收期为 13.59 年。鉴于投资回收期过长，收益率较低，投资风险较大，某交通建设投资公司曾一度打过退堂鼓。后经合作双方多次协商，由该县交通运输局向上级主管部门申请资金支持。最后，本项目建设共需要资金 1.31 亿元，由省交通运输厅和社会资本共同筹措，省交通运输厅补助 3000 万元，占投资规模的 22.90%，社会资本自筹 10100 万元，占投资总规模的 77.10%。详见表 8–3。

表 8–3　本项目资金筹措表

金额单位：万元

资金筹措方式	金额	所占比例
交通运输厅补助	3000	22.90%
企业自筹	10100	77.10%
总投资	13100	100.00%

本项目的成功落地，离不开政府部门专项资金的支持。专项资金，是国家或有关部门或上级部门下拨行政事业单位具有专门指定用途或特殊用途的资金。这种资金都会要求进行单独核算，专款专用，不能挪作他用，而且需要单独报账结算。在当前的各种制度和规定中，专项资金有不同的名称，如专项支出、项目支出、专款等，并且其具体内容也有一定的差别，但从总体上看，其含义基本一致。

其中，就客运站的建设，部分地方开始出台专项资金支持政策。例如，2013年山东省出台《道路运输客运站场专项资金管理暂行办法》，规定专项资金用于客运站场的新建、迁建、改建、扩建工程。专项资金实行定额一次性补助。对国家公路运输枢纽规划内的综合客运枢纽一级站、二级站项目，按照不超过公共服务设施建设投资的30%补助，最多分别不超过800万元、500万元；市、县普通客运站场项目，按照不超过公共服务设施建设投资的30%补助，最多不超过200万元；衔接城市公交与其他运输方式的城市换乘枢纽项目，按照不超过公共服务设施建设投资的30%补助，最多不超过500万元。又如，2016年，安徽省财政厅、安徽省交通厅修订印发的《道路运输客运站场建设专项资金管理办法》指出，站场专项资金实行竞争性分配，在安徽省道路运输站场建设规划内，优先选择基础条件好、综合性强、经济和社会效益好的项目安排专项资金。

参考文献

1. 黄斌 .PPP 融资现状调研：银行放贷谨慎 专项债、证券化乏力［J］. 21 世纪经济报道，2019（4）.

2. 奔波一年多才有银行愿贷款，PPP 融资怎么这么难？［N］. 经济观察报，2018-11-03.

3. 李禾 . 超越 PM2.5！“挥机物”成新难题［N］. 科技日报，2016-05-25.

4. 费天元 . 政策扶持叠加技术升级 环境监测产业全面开花［N］. 上海证券报，2016-06-30.

5. 向炎涛 . 城市轨道交通盈利模式单一 PPP 发展仍面临诸多问题［J］. 财经，2016（4）.

6. 于丽，赵慧 . 北京兴延高速 再创 PPP 新样板——探究首个通过公开招标确定社会投资人的高速公路 PPP 项目［N］. 中国财经报，2016-01-01.

7. 赵新博，王守清，汪恒 . PPP 金融机构股权融资探析——从政策到实践［EB/OL］.（2019-07-12）［2019-09-01］.http://www.sohu.com/a/326308558_100053329.

8. 王昆婷 . 中央专项资金支持 30 地市防治重金属污染［N］. 中国环境报，2015-7-3.

9. 关桂峰．排放标准低设施缺乏 我国大多数污水处理厂亟待升级［N］．经济参考报，2016-03-21.

10. 董克伟．智慧城市建设有望成经济发展新引擎［N］．中国联合商报，2016-08-10.

11. 林远　侯云龙．中国确定推动八大产业技术创新［N］．经济参考报，2016-02-04.

12. 王晓慧．“十三五”智慧城市投资总规模将逾5000亿元［N］．华夏时报，2015-12-09.

13. 裴俊巍．PPP社会资本选择的三个鲜明特点［N］．中国政府采购报，2016-04-05.

14. 李开孟．正确界定PPP模式中的社会资本主体资格［J］．中国投资，2015（12）.

15. 张霞，陈远林，吴小飞．十万亿PPP，为何成了国企的盛宴？［N］．南方周末，2016-07-14.

16. 陈益刊．政府担心民企跑路 民企忧虑政府不履约［N］．第一财经日报，2016-05-27.

17. 张茉楠．万亿PPP市场或成外资新机遇［N］．中国证券报，2019-08-16.

18. 时超．上市公司争食PPP盛宴纷纷发布项目中标公告［N］．经济导报，2016-02-21.

19. 徐丽莉．互联网能否与环保互联？［N］．中国环境报，2015-03-09.

20. 李彪．我国停车位缺口超过5000万个 万亿级市场待开发［N］．成都商报，2016-06-07.

21. 杨仕省．万亿PPP难落地：高层多次部署 签约率不足两成［N］．华夏时报，2015-05-22.

22. 吉文惠 . PPP 项目的资产证券化［N］. 中国城市报，2015-11-30（7）.

23. 吴学松 . 城镇化建设催生新需求［J］. 建筑机械化，2013（1）.

24. 徐燕燕 . 地方政府总负债达 30 万亿 亟须打造中国版市政债［N］. 第一财经日报，2015-07-27.

25. 杜凡，刘一心，岳建轩 . 珠海市横琴新区综合管廊建设工作侧记［N］. 中国建设报，2015-11-26（3）.

26. 张继峰 . PPP 项目融金术：融资结构、模式与工具［M］. 北京：法律出版社，2017.